गीता पठनम्

पदच्छेद सहित

Gita Pathanam

A Critical Guide to Recite the Bhagavad-Gita
With Sanskrit Text
And
Padachhed

Prof. Ratnakar Narale

PUSTAK BHARATI
BOOKS - INDIA

Gita Pathanam

Author :
Dr. Ratnakar Narale, Ph.D (IIT), Ph.D. (Kalidas Sanskrit Univ.)
Prof. Hindi. Ryerson University, Toronto.

Title :
गीता पठनम्, पदच्छेद सहित
Shlokas of the Bhagavad Gita are arranged in 8 syllable sections and two columns for proper singing and recitation. The text is printed in bigger size Devanagari Sanskrit Font for comfortable reading.

Published by :
Pustak Bharati (Books-India)
www.pustak-bharati-canada.com

Published for :
Sanskrit Hindi Research Institute, Toronto

Available at : www.amazon.com

ISBN : 978-1-897416-25-9

Copywrite 2019
© All rights reserved. No part of this book may be copied, reproduced or utilised in any manner or by any means, computerised, e-mail, scanning, photocopying or by recording in any information storage and retrieval system, without the permission in writing from the author.

Gita Pathanam

THE COVER STORY

दिव्यौ शंखौ प्रदध्मतुः ।
Scene of Lord Krishna's dialogue with Arjuna
according to the verses of the Gītā
for story explanation, see next page

Gita Pathanam

Scene of Lord Krishna's dialogue with Arjuna, according to the verses of the Gītā
श्रीमद्भगवद्गीतायाः प्रसङ्गः।

1. During the dialogue (संवादमिदम् अद्भुतम् Gita 18.76), <u>horses</u> of the chariot were <u>standing</u>, they were NOT running. Gītā was not spoken in a running chariot (स्थापयित्वा रथोत्तमम् Gita 1.24).

2. Krishna and Arjuna were <u>sitting in the chariot</u> (रथोपस्थ उपाविषत् Gita 1.47). Even though the pose looks very nice for a sketch, they were NEITHER standing or sitting on the ground nor standing on the chariot. During the dialogue, Arjuna was sitting in the middle part of the chariot. Krishna was sitting at the front, talking to Arjuna. At the behest of Krishna (तस्मात् उत्तिष्ठ Gita 11.33), finally at the end of the last chapter, Arjuna said, "I <u>will</u> stand up" (करिष्ये वचनं तव Gita 18.73)

3. Arjuna was sitting sadly in the <u>middle part</u> of the chariot. He was NOT sitting at the back or in the front chambers of the chariot (रथोपस्थे उपाविषत् Gita 1.47, upastha = middle part) . It means Arjuna had a big chariot (महति स्यन्दने स्थितौ Gita 1.14 and रथोत्तमम् Gita 1.24), and <u>it had three chambers</u>. It had white horses (श्वेतैर्हयैर्युक्ते Gita 1.14).

4. Arjuna <u>removed and</u> kept his bow and quivers of arrows <u>in the chariot</u> itself. They were NOT thrown on the ground (विसृज्य सशरं चापं Gita 1.47).

5. During the dialogue, Arjuna's face was <u>dejected</u> (शोकसंविग्नमानसः Gita 1,47). He was NOT excited like a mad warrior, standing at the front of the chariot eager to fight (न योत्स्ये Gita 2.9). Lord Krishna had a pleasant face (प्रहसन्निव Gita 2.10), sitting on the chariot.

6. During the dialogue, both armies were standing quitely in the background, oblivious and non-functional. No one was engaged in fighting, arrows were not flying, slaughtered men were not lying in the pool of blood...etc. Gita is NOT a book on war. It is book of righteous (धर्मक्षेत्रे Gita 1.1) spiritual guidance (धर्म्यं संवादमावयोः Gita 18.70), for all times.

7. It was a <u>day time</u>.

8. Arjuna's chariot had a flag bearing Hanumana's image (कपिध्वजः Gita 1.20)

9. Lord Krishna's divine (दिव्यौ Gita 1.14) conch shell (पाञ्चजन्यम् हृषीकेषः Gita 1.15) and Arjuna's divine conch shell (देवदत्तं धनञ्जयः Gita 1.15) are part of the scene. Lord Krishna was nor bearing the *Sudarshana-chakra*. During the Gita, Krishna was only an unarmed charioteer.

10. The Pandavas were on the 'right' side (धर्म्यं Gita 18.70).

Gita Pathanam

INDEX

The Cover Story	मुखपृष्ठम्	
THE GITA	गीता	3
Gita Chapter 1, The Yoga of Melancholy	विषादयोगोपनिषत्	3
Gita Chapter 2, The Yoga of Renunciation of Authorship of Karma	सांख्ययोगोपनिषत्	10
Gita Chapter 3, The Yoga of Duty	कर्मयोगोपनिषत्	22
Gita Chapter 4, The Yoga of Knowledge, Conduct and Renunciation	ज्ञानकर्मसंन्यासयोगोपनिषत्	28
Gita Chapter 5, The Yoga of Conduct and Renunciation	कर्मसंन्यासयोगोपनिषत्	34
Gita Chapter 6, The Yoga of Self-Control	आत्मसंयमयोगोपनिषत्	38
Gita Chapter 7, The Yoga of Knowledge and Science	ज्ञान-विज्ञानयोगोपनिषत्	45
Gita Chapter 8, The Yoga of Comprehending the Immutable Brahma	अक्षरब्रह्मयोगोपनिषत्	50
Gita Chapter 9, The Yoga of Most Mysterious Knowledge	राजविद्याराजगुह्ययोगोपनिषत्	54
Gita Chapter 10, The Yoga of Divinr Personification	विभूतियोगोपनिषत्	59
Gita Chapter 11, The Yoga of Universal Manifestation	विश्वरूपदर्शनयोगोपनिषत्	65
Gita Chapter 12, The Yoga of Devotion	भक्तियोगोपनिषत्	75
Gita Chapter 13, The Yoga of the Body and its Knower	क्षेत्रक्षेत्रज्ञविभागयोगोपनिषत्	78
Gita Chapter 14, The Yoga of the Three Attributes	गुणत्रयविभागयोगोपनिषत्	83
Gita Chapter 15, The Yoga of the Supreme Being	पुरुषोत्तमयोगोपनिषत्	88
Gita Chapter 16, The Yoga of the Divine and Demonic Attitudes	दैवासुरसंपद्विभागयोगोपनिषत्	91
Gita Chapter 17, The Yoga of Three Forms of Faith	श्रद्धात्रयविभागयोगोपनिषत्	95
Gita Chapter 18, The Yoga of Renunciation and Liberation	मोक्षसंन्यासयोगोपनिषत्	99-109

1

Gita Pathanam

The Anuṣṭubha Metre

The earliest and most important work on the Sam~skṛt prosody is the *Piṅgala-chanda-śāstra*. Most popular among the metres used for the *ślokas* of the Sam~skṛt epics, such as Rāmayaṇa and Mahābhārata, is the celebrated *anuṣṭubh* metre.

In general a meter with 32 syllables is *anuṣṭubh* metre. For their lyrical value and in order to maintain uniformity, *Ratnakar-Bhagavad-Gita* composed in the *anuṣṭubh* metre is included in this book.

There are many types of the *anuṣṭubh* metre, however, the one that is used in the composition of the Sam~skṛt *ślokas* (√*ślok*, to praise in verses) follows the following definition, itself written in the *anuṣṭubh* metre.

श्लोके षष्ठं सदा दीर्घं लघु च पञ्चमं तथा ।
अक्षरं सप्तमं दीर्घं तृतीये प्रथमे पदे ।
चतुष्पादस्य श्रीयुक्तो वाल्मीकिकविना कृतः ।
द्वात्रिंशद्वर्णयुक्तो हि छन्दोऽनुष्टुभ् स कथ्यते ॥

- रत्नाकरः

In the above definition I say that, in a *śloka* (verse), there are four quarters (*pāda*), each with eight syllables. The fifth syllable of each quarter should be short (*laghu*), the sixth long (*dīrhga*), and the seventh alternately long and short in the odd and even quarters. e.g. (गीता : 1.1)

धर्मक्षेत्रे कुरुक्षेत्रे समवेता युयुत्सवः ।
मामकाः पाण्डवाश्चैव किमकुर्वत संजय ॥

NOTE

While reciting Gita Shlokas, sing the characters 8-8 I 8-8 II,
as arranged in this book.

CHAPTER 1

अथ श्रीमद्भगवद्गीता प्रारभ्यते ।

CHAPTER 1
प्रथमोऽध्यायः

विषादयोगः
YOGA OF THE MELANCHOLY
(THE YOGA THAT OVERWHELMED AND HUMBLED ARJUNA)

धृतराष्ट्र उवाच

1.1 धर्मक्षेत्रे कुरुक्षेत्रे समवेता युयुत्सवः ।
    मामकाः पाण्डवाश्चैव किमकुर्वत सञ्जय ॥

धर्म-क्षेत्रे कुरु-क्षेत्रे समवेताः युयुत्सवः । मामकाः पाण्डवाः च एव किम् अकुर्वत सञ्जय

सञ्जय उवाच

1.2 दृष्ट्वा तु पाण्डवानीकं व्यूढं दुर्योधनस्तदा ।
    आचार्यमुपसङ्गम्य राजा वचनमब्रवीत् ॥

दृष्ट्वा तु पाण्डवानीकम् व्यूढम् दुर्योधनः तदा । आचार्यम् उपसङ्गम्य राजा वचनम् अब्रवीत्

1.3 पश्यैतां पाण्डुपुत्राणाम् आचार्य महतीं चमूम् ।
    व्यूढां द्रुपदपुत्रेण तव शिष्येण धीमता ॥

पश्य एताम् पाण्डु-पुत्राणाम् आचार्य महतीम् चमूम् । व्यूढाम् द्रुपद-पुत्रेण तव शिष्येण धीमता

1.4 अत्र शूरा महेष्वासा भीमार्जुनसमा युधि ।
    युयुधानो विराटश्च द्रुपदश्च महारथः ॥

अत्र शूराः महेष्वासाः भीमार्जुन-समाः युधि । युयुधानः विराटः च द्रुपदः च महारथः

1.5 धृष्टकेतुश्चेकितानः काशिराजश्च वीर्यवान् ।
    पुरुजित्कुन्तिभोजश्च शैब्यश्च नरपुङ्गवः ॥

CHAPTER 1

धृष्टकेतुः चेकितानः काशिराजः च वीर्यवान् । पुरुजित् कुन्तिभोजः च शैब्यः च नर-पुङ्गवः

1.6 युधामन्युश्च विक्रान्त उत्तमौजाश्च वीर्यवान् ।
सौभद्रो द्रौपदेयाश्च सर्व एव महारथाः ॥
युधामन्युः च विक्रान्तः उत्तमौजा च वीर्यवान् । सौभदः द्रौपदेयाः च सर्वे एव महारथाः

1.7 अस्माकं तु विशिष्टा ये तान्निबोध द्विजोत्तम ।
नायका मम सैन्यस्य संज्ञार्थं तान्ब्रवीमि ते ॥
अस्माकम् तु विशिष्टाः ये तान् निबोध द्विजोत्तम । नायका मम सैन्यस्य संज्ञार्थम् तान् ब्रवीमि ते

1.8 भवान्भीष्मश्च कर्णश्च कृपश्च समितिञ्जयः ।
अश्वत्थामा विकर्णश्च सौमदत्तिस्तथैव च ॥
भवान् भीष्मः च कर्णः च कृपः च समितिञ्जयः । अश्वत्थामा विकर्णः च सौमदत्तिः तथा एव च

1.9 अन्ये च बहवः शूरा मदर्थे त्यक्तजीविताः ।
नानाशस्त्रप्रहरणाः सर्वे युद्धविशारदाः ॥
अन्ये च बहवः शूराः मदर्थे त्यक्त-जीविताः । नाना-शस्त्र-प्रहरणाः सर्वे युद्ध-विशारदाः

1.10 अपर्याप्तं तदस्माकं बलं भीष्माभिरक्षितम् ।
पर्याप्तं त्विदमेतेषां बलं भीमाभिरक्षितम् ॥
अ-पर्याप्तम् तदस्माकम् बलम् भीष्माभिरक्षितम् । पर्याप्तम् तु इदम् एतेषाम् बलम् भीमाभिरक्षितम्

1.11 अयनेषु च सर्वेषु यथाभागमवस्थिताः ।
भीष्ममेवाभिरक्षन्तु भवन्तः सर्व एव हि ॥
अयनेषु च सर्वेषु यथा-भागमवस्थिताः । भीष्मम् एव अभिरक्षन्तु भवन्तः सर्वे एव हि

1.12 तस्य सञ्जनयन्हर्षं कुरुवृद्धः पितामहः ।
सिंहनादं विनद्योच्चैः शङ्खं दध्मौ प्रतापवान् ॥

CHAPTER 1

तस्य सञ्जनयन् हर्षम् कुरु-वृद्धः पितामहः । सिंह-नादम् विनद्य उच्चैः शङ्खम् दध्मौ प्रतापवान्

1.13 ततः शङ्खाश्च भेर्यश्च पणवानकगोमुखाः ।
सहसैवाभ्यहन्यन्त स शब्दस्तुमुलोऽभवत् ।।

ततः शङ्खाः च भेर्यः च पणवानक-गोमुखाः । सहसा एव अभ्यहन्यन्त सः शब्दः तुमुलः अभवत्

1.14 ततः श्वेतैर्हयैर्युक्ते महति स्यन्दने स्थितौ ।
माधवः पाण्डवश्चैव दिव्यौ शङ्खौ प्रदध्मतुः ।।

ततः श्वेतैः हयैः युक्ते महति स्यन्दने स्थितौ । माधवः पाण्डवः च एव दिव्यौ शङ्खौ प्र-दध्मतुः

1.15 पाञ्चजन्यं हृषीकेशो देवदत्तं धनञ्जयः ।
पौण्ड्रं दध्मौ महाशङ्खं भीमकर्मा वृकोदरः ।।

पाञ्चजन्यम् हृषीकेशः देवदत्तम् धनञ्जयः । पौण्ड्रम् दध्मौ महाशङ्खम् भीमकर्मा वृकोदरः

1.16 अनन्तविजयं राजा कुन्तीपुत्रो युधिष्ठिरः ।
नकुलः सहदेवश्च सुघोषमणिपुष्पकौ ।।

अनन्त-विजयम् राजा कुन्ती-पुत्रः युधि-ष्ठिरः । नकुलः सहदेवः च सुघोष-मणिपुष्पकौ

1.17 काश्यश्च परमेष्वासः शिखण्डी च महारथः ।
धृष्टद्युम्नो विराटश्च सात्यकिश्चापराजितः ।।

काश्यः च परमेष्वासः शिखण्डी च महारथः । धृष्टद्युम्नः विराटः च सात्यकिः च अ-पराजितः

1.18 द्रुपदो द्रौपदेयाश्च सर्वशः पृथिवीपते ।
सौभद्रश्च महाबाहुः शङ्खान्दध्मुः पृथक्पृथक् ।।

द्रुपदः द्रौपदेयाः च सर्वशः पृथिवी-पते । सौभदः च महाबाहुः शङ्खान् दध्मुः पृथक् पृथक

1.19 स घोषो धार्तराष्ट्राणां हृदयानि व्यदारयत् ।
नभश्च पृथिवीं चैव तुमुलो व्यनुनादयन् ।।

सः घोषः धार्तराष्ट्राणाम् हृदयानि व्यदारयत् । नभः च पृथिवीम् च एव तुमुलः व्यनुनादयन्

CHAPTER 1

1.20 अथ व्यवस्थितान्दृष्ट्वा धार्तराष्ट्रान्कपिध्वजः ।
प्रवृत्ते शस्त्रसम्पाते धनुरुद्यम्य पाण्डवः ॥

अथ व्यवस्थितान् दृष्ट्वा धार्तराष्ट्रान् कपि-ध्वज: । प्रवृत्ते शस्त्र-सम्पाते धनु: उद्यम्य पाण्डव:

1.21 हृषीकेशं तदा वाक्यम् इदमाह महीपते ।
सेनयोरुभयोर्मध्ये रथं स्थापय मेऽच्युत ॥

हृषीकेशम् तदा वाक्यम् इदम् आह महीपते । सेनयो: उभयो: मध्ये रथम् स्थापय मे अच्युत

अर्जुन उवाच

1.22 यावदेतान्निरीक्षेऽहं योद्धुकामानवस्थितान् ।
कैर्मया सह योद्धव्यम् अस्मिन्रणसमुद्यमे ॥

यावत् एतान् निरीक्षे अहम् योद्धु-कामान् अवस्थितान् । कै: मया सह योद्धव्यम् अस्मिन् रण-समुद्यमे

1.23 योत्स्यमानानवेक्षेऽहं य एतेऽत्र समागताः ।
धार्तराष्ट्रस्य दुर्बुद्धेः युद्धे प्रियचिकीर्षवः ॥

योत्स्यमानान् अवेक्षे अहम् ये एते अत्र समागता: । धार्तराष्ट्रस्य दुर्बुद्धे: युद्धे प्रिय-चिकीर्षव:

सञ्जय उवाच

1.24 एवमुक्तो हृषीकेशो गुडाकेशेन भारत ।
सेनयोरुभयोर्मध्ये स्थापयित्वा रथोत्तमम् ॥

एवम् उक्त: हृषीकेश: गुडाकेशेन भारत । सेनयो: उभयो: मध्ये स्थापयित्वा रथोत्तमम्

1.25 भीष्मद्रोणप्रमुखतः सर्वेषां च महीक्षिताम् ।
उवाच पार्थ पश्यैतान् समवेतान्कुरूनिति ॥

भीष्म-द्रोण-प्रमुखत: सर्वेषाम् च महीक्षिताम् । उवाच पार्थ पश्य एतान् समवेतान् कुरून् इति

1.26 तत्रापश्यत्स्थितान्पार्थः पितॄनथ पितामहान् ।

CHAPTER 1

आचार्यान्मातुलान्भ्रातॄन् पुत्रान्पौत्रान्सखींस्तथा ॥
श्वशुरान्सुहृदश्चैव सेनयोरुभयोरपि ।

तत्र अपश्यत् स्थितान् पार्थ: पितॄन् अथ पितामहान् । आचार्यान् मातुलान् भ्रातॄन् पुत्रान् पौत्रान् सखीन् तथा
श्वशुरान् सुहृद: च एव सेनयो: उभयो: अपि

1.27 तान्समीक्ष्य स कौन्तेयः सर्वान्बन्धूनवस्थितान् ।
कृपया परयाविष्टो विषीदन्निदमब्रवीत् ॥

तान् समीक्ष्य स: कौन्तेय: सर्वान् बन्धून् अवस्थितान् । कृपया परया आविष्ट: विषीदन् इदम् अब्रवीत्

अर्जुन उवाच

1.28 दृष्ट्वेमं स्वजनं कृष्ण युयुत्सुं समुपस्थितम् ।

दृष्ट्वा इमम् स्वजनम् कृष्ण युयुत्सुम् समुपस्थितम्

1.29 सीदन्ति मम गात्राणि मुखं च परिशुष्यति ।
वेपथुश्च शरीरे मे रोमहर्षश्च जायते ॥

सीदन्ति मम गात्राणि मुखम् च परि-शुष्यति । वेपथु: च शरीरे मे रोमहर्ष: च जायते

1.30 गाण्डीवं स्रंसते हस्तात् त्वक्चैव परिदह्यते ।
न च शक्नोम्यवस्थातुं भ्रमतीव च मे मनः ॥

गाण्डीवम् स्रंसते हस्तात् त्वक् च एव परि-दह्यते । न च शक्नोमि अवस्थातुम् भ्रमति इव च मे मन:

1.31 निमित्तानि च पश्यामि विपरीतानि केशव ।
न च श्रेयोऽनुपश्यामि हत्वा स्वजनमाहवे ॥

निमित्तानि च पश्यामि विपरीतानि केशव । न च श्रेय: अनुपश्यामि हत्वा स्व-जनम् आहवे

1.32 न काङ्क्षे विजयं कृष्ण न च राज्यं सुखानि च ।
किं नो राज्येन गोविन्द किं भोगैर्जीवितेन वा ॥

न काङ्क्षे विजयम् कृष्ण न च राज्यम् सुखानि च । किम् न: राज्येन गोविन्द किम् भोगै: जीवितेन वा

CHAPTER 1

1.33 येषामर्थे काङ्क्षितं नो राज्यं भोगाः सुखानि च ।
त इमेऽवस्थिता युद्धे प्राणांस्त्यक्त्वा धनानि च ॥
येषाम् अर्थे काङ्क्षितम् नः राज्यम् भोगाः सुखानि च । ते इमे अवस्थिताः युद्धे प्राणान् त्यक्त्वा धनानि च

1.34 आचार्याः पितरः पुत्राः तथैव च पितामहाः ।
मातुलाः श्वशुराः पौत्राः श्यालाः सम्बन्धिनस्तथा ॥
आचार्याः पितरः पुत्राः तथा एव च पितामहाः । मातुलाः श्वशुराः पौत्राः श्यालाः सम्बन्धिनः तथा

1.35 एतान्न हन्तुमिच्छामि घ्नतोऽपि मधुसूदन ।
अपि त्रैलोक्यराज्यस्य हेतोः किं नु महीकृते ॥
एतान् न हन्तुम् इच्छामि घ्नतः अपि मधु-सूदन । अपि त्रैलोक्य-राज्यस्य हेतोः किम् नु मही-कृते

1.36 निहत्य धार्तराष्ट्रान्नः का प्रीतिः स्याज्जनार्दन ।
पापमेवाश्रयेदस्मान् हत्वैतानाततायिनः ॥
निहत्य धार्तराष्ट्रान् नः का प्रीतिः स्यात् जनार्दन । पापम् एव आश्रयेत् अस्मान् हत्वा एतान् आततायिनः

1.37 तस्मान्नार्हा वयं हन्तुं धार्तराष्ट्रान्स्वबान्धवान् ।
स्वजनं हि कथं हत्वा सुखिनः स्याम माधव ॥
तस्मात् न अर्हाः वयम् हन्तुम् धार्तराष्ट्रान् स्व-बान्धवान् । स्व-जनम् हि कथम् हत्वा सुखिनः स्याम माधव

1.38 यद्यप्येते न पश्यन्ति लोभोपहतचेतसः ।
कुलक्षयकृतं दोषं मित्रद्रोहे च पातकम् ॥
यद्यपि एते न पश्यन्ति लोभोपहत-चेतसः । कुल-क्षय-कृतम् दोषम् मित्र-द्रोहे च पातकम्

1.39 कथं न ज्ञेयमस्माभिः पापादस्मान्निवर्तितुम् ।
कुलक्षयकृतं दोषं प्रपश्यद्भिर्जनार्दन ॥
कथम् न ज्ञेयम् अस्माभिः पापात् अमात् निवर्तितुम् । कुल-क्षय-कृतम् दोषम् प्र-पश्यद्भिः जनार्दन

CHAPTER 1

1.40 कुलक्षये प्रणश्यन्ति कुलधर्माः सनातनाः ।
धर्मे नष्टे कुलं कृत्स्नम् अधर्मोऽभिभवत्युत ॥
कुल-क्षये प्र-णश्यन्ति कुल-धर्माः सनातनाः । धर्मे नष्टे कुलम् कृत्स्नम् अधर्मः अभिभवति उत

1.41 अधर्माभिभवात्कृष्ण प्रदुष्यन्ति कुलस्त्रियः ।
स्त्रीषु दुष्टासु वार्ष्णेय जायते वर्णसङ्करः ॥
अ-धर्माभिभवात् कृष्ण प्र-दुष्यन्ति कुल-स्त्रियः । स्त्रीषु दुष्टासु वार्ष्णेय जायते वर्ण-सङ्करः

1.42 सङ्करो नरकायैव कुलघ्नानां कुलस्य च ।
पतन्ति पितरो ह्येषां लुप्तपिण्डोदकक्रियाः ॥
सङ्करः नरकाय एव कुल-घ्नानाम् कुलस्य च । पतन्ति पितरः हि एषाम् लुप्त-पिण्डोदकक्रियाः

1.43 दोषैरेतैः कुलघ्नानां वर्णसङ्करकारकैः ।
उत्साद्यन्ते जातिधर्माः कुलधर्माश्च शाश्वताः ॥
दोषैः एतैः कुल-घ्नानाम् वर्ण-सङ्कर-कारकैः । उत्साद्यन्ते जाति-धर्माः कुल-धर्माः च शाश्वताः

1.44 उत्सन्नकुलधर्माणां मनुष्याणां जनार्दन ।
नरकेऽनियतं वासो भवतीत्यनुशुश्रुम ॥
उत्सन्न-कुल-धर्माणाम् मनुष्याणाम् जनार्दन । नरके अ-नियतम् वासः भवति इति अनुशुश्रुम

1.45 अहो वत महत्पापं कर्तुं व्यवसिता वयम् ।
यद्राज्यसुखलोभेन हन्तुं स्वजनमुद्यताः ॥
अहो वत महत्पापम् कर्तुम् व्यवसिताः वयम् । यत् राज्य-सुख-लोभेन हन्तुम् स्व-जनम् उद्यताः

1.46 यदि मामप्रतीकारम् अशस्त्रं शस्त्रपाणयः ।
धार्तराष्ट्रा रणे हन्युः तन्मे क्षेमतरं भवेत् ॥
यदि माम् अ-प्रतीकारम् अ-शस्त्रम् शस्त्र-पाणयः । धार्तराष्ट्राः रणे हन्युः तत् मे क्षेम-तरम् भवेत्

सञ्जय उवाच

1.47 एवमुक्त्वार्जुनः सङ्ख्ये रथोपस्थ उपाविशत् ।
विसृज्य सशरं चापं शोकसंविग्नमानसः ॥

एवम् उक्त्वा अर्जुनः सङ्ख्ये रथोपस्थे उपाविशत् । विसृज्य स-शरम् चापम् शोक-संविग्न-मानसः

इति श्रीमद्भगवद्गीतासूपनिषत्सु ब्रह्मविद्यायां योगशास्त्रे
श्रीकृष्णार्जुनसंवादेऽर्जुनविषादयोगो नाम प्रथमोऽध्यायः ।

इति श्रीमद्-भगवद्-गीतासु उपनिषत्सु ब्रह्म-विद्यायां योग-शास्त्रे श्रीकृष्ण-अर्जुन-संवादे अर्जुन-विषाद-योगः नाम प्रथमः अध्यायः ।

CHAPTER 2
द्वितीयोऽध्यायः

साङ्ख्ययोग:

YOGA OF KNOWLEDGE OF RENUNCIATION OF THE AUTHORSHIP OF KARMA

सञ्जय उवाच

2.1 तं तथा कृपयाविष्टम् अश्रुपूर्णाकुलेक्षणम् ।
विषीदन्तमिदं वाक्यम् उवाच मधुसूदनः ॥

तम् तथा कृपयाविष्टम् अश्रु-पूर्णाकुलेक्षणम् । विषीदन् तम् इदम् वाक्यम् उवाच मधुसूदनः

श्रीभगवानुवाच

2.2 कुतस्त्वा कश्मलमिदं विषमे समुपस्थितम् ।
अनार्यजुष्टमस्वर्ग्यम् अकीर्तिकरमर्जुन ॥

कुतः त्वा कश्मलम् इदम् विषमे समुपस्थितम् । अनार्य-जुष्टम् अ-स्वर्ग्यम् अ-कीर्ति-करम् अर्जुन

2.3 क्लैब्यं मा स्म गमः पार्थ नैतत्त्वय्युपपद्यते ।

CHAPTER 2

क्षुद्रं हृदयदौर्बल्यं त्यक्त्वोत्तिष्ठ परन्तप ॥

क्लैब्यम् मा स्म गमः पार्थ न एतत् त्वयि उपपद्यते । क्षुद्रम् हृदय-दौर्बल्यम् त्यक्त्वा उत्तिष्ठ परन्तप

अर्जुन उवाच

2.4 कथं भीष्ममहं सङ्ख्ये द्रोणं च मधुसूदन ।
इषुभिः प्रतियोत्स्यामि पूजार्हावरिसूदन ॥

कथम् भीष्मम् अहम् सङ्ख्ये द्रोणम् च मधु-सूदन । इषुभिः प्रति-योत्स्यामि पूजार्हौ अरि-सूदन

2.5 गुरूनहत्वा हि महानुभावान् श्रेयो भोक्तुं भैक्ष्यमपीह लोके ।
हत्वार्थकामांस्तु गुरूनिहैव भुञ्जीय भोगान्रुधिरप्रदिग्धान् ॥

गुरून् अ-हत्वा हि महानुभावान् श्रेयः भोक्तुम् भैक्ष्यम् अपि इह लोके ।
हत्वा अर्थ-कामान् तु गुरून् इह एव भुञ्जीय भोगान् रुधिर-प्रदिग्धान

2.6 न चैतद्विद्मः कतरन्नो गरीयो यद्वा जयेम यदि वा नो जयेयुः ।
यानेव हत्वा न जिजीविषामः तेऽवस्थिताः प्रमुखे धार्तराष्ट्राः ॥

न च एतत् विद्मः कतरत् नः गरीयः यद्वा जयेम यदि वा नः जयेयुः ।
यान् एव हत्वा न जिजीविषामः ते अवस्थिताः प्रमुखे धार्तराष्ट्राः

2.7 कार्पण्यदोषोपहतस्वभावः पृच्छामि त्वां धर्मसम्मूढचेताः ।
यच्छ्रेयः स्यान्निश्चितं ब्रूहि तन्मे शिष्यस्तेऽहं शाधि मां त्वां प्रपन्नम् ॥

कार्पण्य-दोषोपहत-स्वभावः पृच्छामि त्वाम् धर्म-सम्मूढ-चेताः ।
यच्छ्रेयः स्यात् निश्चितम् ब्रूहि तत् मे शिष्यः ते अहम् शाधि माम् त्वाम् प्रपन्नम

2.8 न हि प्रपश्यामि ममापनुद्यात् यच्छोकमुच्छोषणमिन्द्रियाणाम् ।
अवाप्य भूमावसपत्नमृद्धं राज्यं सुराणामपि चाधिपत्यम् ॥

न हि प्र-पश्यामि मम अपनुद्यात् यत् शोकम् उच्छोषण् इन्द्रियाणाम् ।
अवाप्य भूमौ अ-सपत्नम् ऋद्धम् राज्यम् सुराणाम् अपि च अधिपत्यम्

CHAPTER 2

सञ्जय उवाच

2.9 एवमुक्त्वा हृषीकेशं गुडाकेशः परन्तप ।
न योत्स्य इति गोविन्दम् उक्त्वा तूष्णीं बभूव ह ॥

एवम् उक्त्वा हृषीकेशम् गुडाकेश: परन्तप । न योत्स्ये इति गोविन्दम् उक्त्वा तूष्णीम् बभूव ह

2.10 तमुवाच हृषीकेशः प्रहसन्निव भारत ।
सेनयोरुभयोर्मध्ये विषीदन्तमिदं वचः ॥

तम् उवाच हृषीकेश: प्रहसन् इव भारत । सेनयो: उभयो: मध्ये विषीदन्तम् इदम् वच:

श्रीभगवानुवाच

2.11 अशोच्यानन्वशोचस्त्वं प्रज्ञावादांश्च भाषसे ।
गतासूनगतासूंश्च नानुशोचन्ति पण्डिताः ॥

अ-शोच्यान् अन्वशोच: त्वम् प्रज्ञा-वादान् च भाषसे । गतासून् अ-गतासून् च न अनुशोचन्ति पण्डिता:

2.12 न त्वेवाहं जातु नासं न त्वं नेमे जनाधिपाः ।
न चैव न भविष्यामः सर्वे वयमतः परम् ॥

न तु एव अहम् जातु न आसम् न त्वम् न इमे जनाधिपा: । न च एव न भविष्याम: सर्वे वयम् अत: परम

2.13 देहिनोऽस्मिन्यथा देहे कौमारं यौवनं जरा ।
तथा देहान्तरप्राप्तिः धीरस्तत्र न मुह्यति ॥

देहिन: अस्मिन् यथा देहे कौमारम् यौवनम् जरा । तथा देहान्तर-प्राप्ति: धीर: तत्र न मुह्यति

2.14 मात्रास्पर्शास्तु कौन्तेय शीतोष्णसुखदुःखदाः ।
आगमापायिनोऽनित्याः तांस्तितिक्षस्व भारत ॥

मात्रा-स्पर्शा: तु कौन्तेय शीतोष्ण-सुख-दु:ख-दा: । आगमापायिन: अनित्या: तान् तितिक्षस्व भारत

CHAPTER 2

2.15 यं हि न व्यथयन्त्येते पुरुषं पुरुषर्षभ ।
समदुःखसुखं धीरं सोऽमृतत्वाय कल्पते ।।
यम् हि न व्यथयन्ति एते पुरुषम् पुरुषर्षभ । सम-दुःख-सुखम् धीरम् सः अमृतत्वाय कल्पते

2.16 नासतो विद्यते भावो नाभावो विद्यते सतः ।
उभयोरपि दृष्टोऽन्तः त्वनयोस्तत्त्वदर्शिभिः ।।
न असतः विद्यते भावः न अभावः विद्यते सतः । उभयोः अपि दृष्टः अन्तः तु अनयोः तत्त्व-दर्शिभिः

2.17 अविनाशि तु तद्विद्धि येन सर्वमिदं ततम् ।
विनाशमव्ययस्यास्य न कश्चित्कर्तुमर्हति ।।
अ-विनाशि तु तत् विद्धि येन सर्वम् इदम् ततम् । विनाशम् अ-व्ययस्य अस्य न कश्चित् कर्तुम् अर्हति

2.18 अन्तवन्त इमे देहा नित्यस्योक्ताः शरीरिणः ।
अनाशिनोऽप्रमेयस्य तस्माद्युद्ध्यस्व भारत ।।
अन्त-वन्तः इमे देहाः नित्यस्य उक्ताः शरीरिणः । अ-नाशिनः अ-प्रमेयस्य तस्मात् युद्ध्यस्व भारत

2.19 य एनं वेत्ति हन्तारं यश्चैनं मन्यते हतम् ।
उभौ तौ न विजानीतो नायं हन्ति न हन्यते ।।
य एनम् वेत्ति हन्तारम् यः च एनम् मन्यते हतम् । उभौ तौ न विजानीतः न अयम् हन्ति न हन्यते

2.20 न जायते म्रियते वा कदाचित् नायं भूत्वा भविता वा न भूयः ।
अजो नित्यः शाश्वतोऽयं पुराणो न हन्यते हन्यमाने शरीरे ।।
न जायते म्रियते वा कदाचित् न अयम् भूत्वा भविता वा न भूयः ।
अजः नित्यः शाश्वतः अयम् पुराणः न हन्यते हन्यमाने शरीरे

2.21 वेदाविनाशिनं नित्यं य एनमजमव्ययम् ।
कथं स पुरुषः पार्थ कं घातयति हन्ति कम् ।

CHAPTER 2

वेद अ-विनाशिनम् नित्यम् य एनम् अ-जम् अ-व्ययम् ।
कथम् स: पुरुष: पार्थ कम् घातयति हन्ति कम्

2.22 वासांसि जीर्णानि यथा विहाय   नवानि गृह्णाति नरोऽपराणि ।
तथा शरीराणि विहाय जीर्णानि   अन्यानि संयाति नवानि देही ॥

वासांसि जीर्णानि यथा विहाय नवानि गृह्णाति नर: अ-पराणि ।
तथा शरीराणि विहाय जीर्णानि अन्यानि संयाति नवानि देही

2.23 नैनं छिन्दन्ति शस्त्राणि   नैनं दहति पावकः ।
न चैनं क्लेदयन्त्यापो   न शोषयति मारुतः ॥

न एनम् छिन्दन्ति शस्त्राणि न एनम् दहति पावक: ।
न च एनम् क्लेदयन्ति आप: न शोषयति मारुत:

2.24 अच्छेद्योऽयमदाह्योऽयम्   अक्लेद्योऽशोष्य एव च ।
नित्यः सर्वगतः स्थाणुः   अचलोऽयं सनातनः ॥

अ-च्छेद्य: अयम् अ-दाह्य: अयम् अ-क्लेद्य: अ-शोष्य: एव च ।
नित्य: सर्वगत: स्थाणु: अ-चल: अयम् सनातन:

2.25 अव्यक्तोऽयमचिन्त्योऽयम्   अविकार्योऽयमुच्यते ।
तस्मादेवं विदित्वैनं   नानुशोचितुमर्हसि ॥

अ-व्यक्त: अयम् अ-चिन्त्य: अयम् अ-विकार्य: अयम् उच्यते ।
तस्मात् एवम् विदित्वा एनम् न अनु-शोचितुम् अर्हसि

2.26 अथ चैनं नित्यजातं   नित्यं वा मन्यसे मृतम् ।
तथापि त्वं महाबाहो   नैवं शोचितुमर्हसि ॥

अथ च एनम् नित्य-जातम् नित्यम् वा मन्यसे मृतम् । तथापि त्वम् महाबाहो न एवम् शोचितुम् अर्हसि

2.27 जातस्य हि ध्रुवो मृत्युः   ध्रुवं जन्म मृतस्य च ।

CHAPTER 2

तस्मादपरिहार्येऽर्थे न त्वं शोचितुमर्हसि ॥

जातस्य हि ध्रुवः मृत्युः ध्रुवम् जन्म मृतस्य च । तस्मात् अ-परिहार्ये अर्थे न त्वम् शोचितुम् अर्हसि

2.28 अव्यक्तादीनि भूतानि व्यक्तमध्यानि भारत ।
अव्यक्तनिधनान्येव तत्र का परिदेवना ॥

अव्यक्त-आदीनि भूतानि व्यक्त-मध्यानि भारत । अव्यक्त-निधनानि एव तत्र का परिदेवना

2.29 आश्चर्यवत्पश्यति कश्चिदेनम् आश्चर्यवद्वदति तथैव चान्यः ।
आश्चर्यवच्चैनमन्यः शृणोति श्रुत्वाप्येनं वेद न चैव कश्चित् ॥

आश्चर्यवत् पश्यति कश्चित् एनम् आश्चर्यवत् वदति तथा एव च अन्यः ।
आश्चर्यवत् च एनम् अन्यः शृणोति श्रुत्वा अपि एनम् वेद न च एव कश्चित्

2.30 देही नित्यमवध्योऽयं देहे सर्वस्य भारत ।
तस्मात्सर्वाणि भूतानि न त्वं शोचितुमर्हसि ॥

देही नित्यम् अवध्यः अयम् देहे सर्वस्य भारत । तस्मात् सर्वाणि भूतानि न त्वम् शोचितुम् अर्हसि

2.31 स्वधर्ममपि चावेक्ष्य न विकम्पितुमर्हसि ।
धर्म्याद्धि युद्धाच्छ्रेयोऽन्यत् क्षत्रियस्य न विद्यते ॥

स्व-धर्मम् अपि च अवेक्ष्य न विकम्पितुम् अर्हसि । धर्म्यात् हि युद्धात् श्रेयः अन्यत् क्षत्रियस्य न विद्यते

2.32 यदृच्छया चोपपन्नं स्वर्गद्वारमपावृतम् ।
सुखिनः क्षत्रियाः पार्थ लभन्ते युद्धमीदृशम् ॥

यदृच्छया च उपपन्नम् स्वर्ग-द्वारम् अपावृतम् । सुखिनः क्षत्रियाः पार्थ लभन्ते युद्धम् इदृशम्

2.33 अथ चेत्त्वमिमं धर्म्यं सङ्ग्रामं न करिष्यसि ।
ततः स्वधर्मं कीर्तिं च हित्वा पापमवाप्स्यसि ॥

अथ चेत् त्वम् इमम् धर्म्यम् सङ्ग्रामम् न करिष्यसि । ततः स्व-धर्मम् कीर्तिम् च हित्वा पापम् अवाप्स्यसि

CHAPTER 2

2.34 अकीर्तिं चापि भूतानि कथयिष्यन्ति तेऽव्ययाम् ।
सम्भावितस्य चाकीर्तिः मरणादतिरिच्यते ।।

अ-कीर्तिम् च अपि भूतानि कथयिष्यन्ति ते अ-व्ययाम् । सम्भावितस्य च अ-कीर्तिः मरणात् अति-रिच्यते

2.35 भयाद्रणादुपरतं मंस्यन्ते त्वां महारथाः ।
येषां च त्वं बहुमतो भूत्वा यास्यसि लाघवम् ।।

भयात् रणात् उपरतम् मंस्यन्ते त्वाम् महारथाः । येषाम् च त्वम् बहुमतः भूत्वा यास्यसि लाघवम्

2.36 अवाच्यवादांश्च बहून् वदिष्यन्ति तवाहिताः ।
निन्दन्तस्तव सामर्थ्यं ततो दुःखतरं नु किम् ।।

अ-वाच्यवादान् च बहून् वदिष्यन्ति तव अहिताः । निन्दन्तः तव सामर्थ्यम् ततः दुःख-तरम् नु किम्

2.37 **हतो वा प्राप्स्यसि स्वर्गं जित्वा वा भोक्ष्यसे महीम् ।**
तस्मादुत्तिष्ठ कौन्तेय युद्धाय कृतनिश्चयः ।।

हतः वा प्राप्स्यसि स्वर्गम् जित्वा वा भोक्ष्यसे महीम् । तस्मात् उत्तिष्ठ कौन्तेय युद्धाय कृत-निश्चयः

2.38 सुखदुःखे समे कृत्वा लाभालाभौ जयाजयौ ।
ततो युद्धाय युज्यस्व नैवं पापमवाप्स्यसि ।।

सुख-दुःखे समे कृत्वा लाभालाभौ जयाजयौ । ततः युद्धाय युज्यस्व न एवम् पापम् अवाप्स्यसि

2.39 एषा तेऽभिहिता साङ्ख्ये बुद्धिर्योगे त्विमां शृणु ।
बुद्ध्या युक्तो यया पार्थ कर्मबन्धं प्रहास्यसि ।।

एषा ते अभिहिता साङ्ख्ये बुद्धिः योगे तु इमाम् शृणु । बुद्ध्या युक्तः यया पार्थ कर्म-बन्धम् प्रहास्यसि

2.40 नेहाभिक्रमनाशोऽस्ति प्रत्यवायो न विद्यते ।
स्वल्पमप्यस्य धर्मस्य त्रायते महतो भयात् ।।

न इह अभिक्रमनाशः अस्ति प्रत्यवायः न विद्यते । स्वल्पम् अपि अस्य धर्मस्य त्रायते महतः भयात्

CHAPTER 2

2.41 व्यवसायात्मिका बुद्धिः एकेह कुरुनन्दन ।
बहुशाखा ह्यनन्ताश्च बुद्धयोऽव्यवसायिनाम् ॥

व्यवसायात्मिका बुद्धिः एका इह कुरु-नन्दन । बहु-शाखाः हि अनन्ताः च बुद्धयः अ-व्यवसायिनाम्

2.42 यामिमां पुष्पितां वाचं प्रवदन्त्यविपश्चितः ।
वेदवादरताः पार्थ नान्यदस्तीति वादिनः ॥

याम् इमाम् पुष्पिताम् वाचम् प्र-वदन्ति अ-विपश्चितः । वेद-वाद-रताः पार्थ न अन्यत् अस्ति इति वादिनः

2.43 कामात्मनः स्वर्गपरा जन्मकर्मफलप्रदाम् ।
क्रियाविशेषबहुलां भोगैश्वर्यगतिं प्रति ॥

कामात्मनः स्वर्गपरा जन्म-कर्म-फल-प्रदाम् । क्रिया-विशेष-बहुलाम् भोगैश्वर्य-गतिम् प्रति

2.44 भोगैश्वर्यप्रसक्तानां तयाऽपहृतचेतसाम् ।
व्यवसायात्मिका बुद्धिः समाधौ न विधीयते ॥

भोगैश्वर्य-प्र-सक्तानाम् तया अपहृत-चेतसाम् । व्यवसायात्मिका बुद्धिः समाधौ न विधीयते

2.45 त्रैगुण्यविषया वेदा निस्त्रैगुण्यो भवार्जुन ।
निर्द्वन्द्वो नित्यसत्त्वस्थो निर्योगक्षेम आत्मवान् ॥

त्रै-गुण्य-विषयाः वेदाः निस्त्रै-गुण्यः भव अर्जुन । निर्द्वन्द्वः नित्य-सत्त्व-स्थः निर्योग-क्षेमः आत्मवान्

2.46 यावानर्थ उदपाने सर्वतः सम्प्लुतोदके ।
तावान्सर्वेषु वेदेषु ब्राह्मणस्य विजानतः ॥

यावान् अर्थः उदपाने सर्वतः सम्प्लुतोदके । तावान् सर्वेषु वेदेषु ब्राह्मणस्य विजानतः

2.47 **कर्मण्येवाधिकारस्ते मा फलेषु कदाचन ।**
मा कर्मफलहेतुर्भूः मा ते सङ्गोऽस्त्वकर्मणि ॥

कर्मणि एव अधिकारः ते मा फलेषु कदाचन । मा कर्म-फल-हेतुः भूः मा ते सङ्गः अस्तु अ-कर्मणि

CHAPTER 2

2.48 योगस्थः कुरु कर्माणि सङ्गं त्यक्त्वा धनञ्जय ।
सिद्ध्यसिद्ध्योः समो भूत्वा समत्वं योग उच्यते ।।

योगस्थः कुरु कर्माणि सङ्गम् त्यक्त्वा धनञ्जय । सिद्धयसिद्धयोः समः भूत्वा समत्वम् योगः उच्यते

2.49 दूरेण ह्यवरं कर्म बुद्धियोगाद्धनञ्जय ।
बुद्धौ शरणमन्विच्छ कृपणाः फलहेतवः ।।

दूरेण हि अवरम् कर्म बुद्धि-योगात् धनञ्जय । बुद्धौ शरणम् अन्विच्छ कृपणाः फल-हेतवः

2.50 बुद्धियुक्तो जहातीह उभे सुकृतदुष्कृते ।
तस्माद्योगाय युज्यस्व योगः कर्मसु कौशलम् ।।

बुद्धि-युक्तः जहाति इह उभे सुकृत-दुष्कृते । तस्मात् योगाय युज्यस्व योगः कर्मसु कौशलम्

2.51 कर्मजं बुद्धियुक्ता हि फलं त्यक्त्वा मनीषिणः ।
जन्मबन्धविनिर्मुक्ताः पदं गच्छन्त्यनामयम् ।।

कर्मजम् बुद्धि-युक्ताः हि फलम् त्यक्त्वा मनीषिणः । जन्मबन्ध-विनिर्मुक्ताः पदम् गच्छन्ति अनामयम्

2.52 यदा ते मोहकलिलं बुद्धिर्व्यतितरिष्यति ।
तदा गन्तासि निर्वेदं श्रोतव्यस्य श्रुतस्य च ।।

यदा ते मोह-कलिलम् बुद्धिः व्यति-तरिष्यति । तदा गन्तासि निर्वेदम् श्रोतव्यस्य श्रुतस्य च

2.53 श्रुतिविप्रतिपन्ना ते यदा स्थास्यति निश्चला ।
समाधावचला बुद्धिः तदा योगमवाप्स्यसि ।।

श्रुति-विप्रतिपन्ना ते यदा स्थास्यति निश्चला । समाधावचला बुद्धिः तदा योगम् अवाप्स्यसि

अर्जुन उवाच

2.54 स्थितप्रज्ञस्य का भाषा समाधिस्थस्य केशव ।
स्थितधीः किं प्रभाषेत किमासीत व्रजेत किम् ।।

स्थित-प्रज्ञस्य का भाषा समाधि-स्थस्य केशव । स्थितधीः किम् प्र-भाषेत किम् आसीत व्रजेत किम्

CHAPTER 2

श्रीभगवानुवाच

2.55 प्रजहाति यदा कामान् सर्वान्पार्थ मनोगतान् ।
आत्मन्येवात्मना तुष्टः स्थितप्रज्ञस्तदोच्यते ॥

प्र-जहाति यदा कामान् सर्वान् पार्थ मनो-गतान् । आत्मनि एव आत्मना तुष्ट: स्थित-प्रज्ञ: तदा उच्यते

2.56 दुःखेष्वनुद्विग्नमनाः सुखेषु विगतस्पृहः ।
वीतरागभयक्रोधः स्थितधीर्मुनिरुच्यते ॥

दु:खेषु अनुद्विग्न-मना: सुखेषु विगत-स्पृह: । वीत-राग-भय-क्रोध: स्थित-धी: मुनि: उच्यते

2.57 यः सर्वत्रानभिस्नेहः तत्तत्प्राप्य शुभाशुभम् ।
नाभिनन्दति न द्वेष्टि तस्य प्रज्ञा प्रतिष्ठिता ॥

य: सर्वत्र अनभिस्नेह: तत् तत् प्राप्य शुभाशुभम् । न अभिनन्दति न द्वेष्टि तस्य प्रज्ञा प्रतिष्ठिता

2.58 यदा संहरते चायं कूर्मोऽङ्गानीव सर्वशः ।
इन्द्रियाणीन्द्रियार्थेभ्यः तस्य प्रज्ञा प्रतिष्ठिता ॥

यदा संहरते च अयम् कूर्म: अङ्गानि इव सर्वश: । इन्द्रियाणि इन्द्रियार्थेभ्य: तस्य प्रज्ञा प्रतिष्ठिता

2.59 विषया विनिवर्तन्ते निराहारस्य देहिनः ।
रसवर्जं रसोऽप्यस्य परं दृष्ट्वा निवर्तते ॥

विषया: विनिवर्तन्ते निराहारस्य देहिन: । रसवर्जम् रस: अपि अस्य परम् दृष्ट्वा निवर्तते

2.60 यततो ह्यपि कौन्तेय पुरुषस्य विपश्चितः ।
इन्द्रियाणि प्रमाथीनि हरन्ति प्रसभं मनः ॥

यतत: अपि कौन्तेय पुरुषस्य विपश्चित: । इन्द्रियाणि प्रमाथीनि हरन्ति प्रसभम् मन:

2.61 तानि सर्वाणि संयम्य युक्त आसीत मत्परः ।

वशे हि यस्येन्द्रियाणि तस्य प्रज्ञा प्रतिष्ठिता ।।

तानि सर्वाणि संयम्य युक्तः आसीत मत्परः । वशे हि यस्य इन्द्रियाणि तस्य प्रज्ञा प्रतिष्ठिता

2.62 ध्यायतो विषयान्पुंसः सङ्गस्तेषूपजायते ।
सङ्गात्सञ्जायते कामः कामात्क्रोधोऽभिजायते ।।

ध्यायतः विषयान् पुंसः सङ्गः तेषु उपजायते । सङ्गात् सञ्जायते कामः कामात् क्रोधः अभिजायते

2.63 क्रोधाद्भवति सम्मोहः सम्मोहात्स्मृतिविभ्रमः ।
स्मृतिभ्रंशाद्बुद्धिनाशो बुद्धिनाशात्प्रणश्यति ।।

क्रोधात् भवति सम्मोहः सम्मोहात् स्मृति-विभ्रमः । स्मृति-भ्रंशात् बुद्धि-नाशः बुद्धि-नाशात् प्र-णश्यति

2.64 रागद्वेषवियुक्तैस्तु विषयानिन्द्रियैश्चरन् ।
आत्मवश्यैर्विधेयात्मा प्रसादमधिगच्छति ।।

राग-द्वेष-वियुक्तैः तु विषयान् इन्द्रियैः चरन् । आत्मवश्यैः विधेयात्मा प्रसादम् अधिगच्छति

2.65 प्रसादे सर्वदुःखानां हानिरस्योपजायते ।
प्रसन्नचेतसो ह्याशु बुद्धिः पर्यवतिष्ठते ।।

प्रसादे सर्व-दुःखानाम् हानिः अस्य उपजायते । प्रसन्न-चेतसः हि आशु बुद्धिः पर्यवतिष्ठते

2.66 नास्ति बुद्धिरयुक्तस्य न चायुक्तस्य भावना ।
न चाभावयतः शान्तिः अशान्तस्य कुतः सुखम् ।।

नास्ति बुद्धिः अ-युक्तस्य न च अ-युक्तस्य भावना । न च अ-भावयतः शान्तिः अ-शान्तस्य कुतः सुखम्

2.67 इन्द्रियाणां हि चरतां यन्मनोऽनुविधीयते ।
तदस्य हरति प्रज्ञां वायुर्नावमिवाम्भसि ।।

इन्द्रियाणाम् हि चरताम् यत् मनः अनुविधीयते । तत् अस्य हरति प्रज्ञाम् वायुः नावम् इव अम्भसि

CHAPTER 2

2.68 तस्माद्यस्य महाबाहो निगृहीतानि सर्वशः ।
इन्द्रियाणीन्द्रियार्थेभ्यः तस्य प्रज्ञा प्रतिष्ठिता ॥

तस्मात् यस्य महाबाहो निगृहीतानि सर्वशः । इन्द्रियाणि इन्द्रियार्थेभ्यः तस्य प्रज्ञा प्र-तिष्ठिता

2.69 या निशा सर्वभूतानां तस्यां जागर्ति संयमी ।
यस्यां जाग्रति भूतानि सा निशा पश्यतो मुनेः ॥

या निशा सर्व-भूतानाम् तस्याम् जागर्ति संयमी । यस्याम् जाग्रति भूतानि सा निशा पश्यतः मुनेः

2.70 आपूर्यमाणमचलप्रतिष्ठं समुद्रमापः प्रविशन्ति यद्वत् ।
तद्वत्कामा यं प्रविशन्ति सर्वे स शान्तिमाप्नोति न कामकामी ॥

आपूर्यमाणम् अ-चल-प्रतिष्ठम् समुद्रमापः प्रविशन्ति यद्वत् ।
यद्वत् कामाः यम् प्रविशन्ति सर्वे सः शान्तिम् आप्नोति न काम-कामी

2.71 विहाय कामान्यः सर्वान् पुमांश्चरति निःस्पृहः ।
निर्ममो निरहङ्कारः स शान्तिमधिगच्छति ॥

विहाय कामान् यः सर्वान् पुमान् चरति निःस्पृहः । निर्ममः निरहङ्कारः सः शान्तिम् अधिगच्छति

2.72 एषा ब्राह्मी स्थितिः पार्थ नैनां प्राप्य विमुह्यति ।
स्थित्वास्यामन्तकालेऽपि ब्रह्मनिर्वाणमृच्छति ॥

एषा ब्राह्मी स्थितिः पार्थ न एनाम् प्राप्य विमुह्यति । स्थित्वा अस्याम् अन्त-काले अपि ब्रह्मनिर्वाणम् ऋच्छति

इति श्रीमद्भगवद्गीतासूपनिषत्सु ब्रह्मविद्यायां योगशास्त्रे
श्रीकृष्णार्जुनसंवादे साङ्ख्ययोगो नाम द्वितीयोऽध्यायः ।

इति श्रीमद्-भगवद्-गीतासु उपनिषत्सु ब्रह्म-विद्यायां योग-शास्त्रे श्रीकृष्ण-अर्जुन-संवादे साङ्ख्ययोगः नाम
द्वितीयः अध्यायः ।

CHAPTER 3
तृतीयोऽध्यायः

कर्मयोग:

THE YOGA OF DUTY

अर्जुन उवाच

3.1 ज्यायसी चेत्कर्मणस्ते मता बुद्धिर्जनार्दन ।
तत्किं कर्मणि घोरे मां नियोजयसि केशव ॥

ज्यायसी चेत् कर्मण: ते मता बुद्धि: जनार्दन । तत् किम् कर्मणि घोरे माम् नियोजयसि केशव

3.2 व्यामिश्रेणेव वाक्येन बुद्धिं मोहयसीव मे ।
तदेकं वद निश्चित्य येन श्रेयोऽहमाप्नुयाम् ॥

व्यामिश्रेण इव वाक्येन बुद्धिम् मोहयसि इव मे । तत् एकम् वद निश्चित्य येन श्रेय: अहम् आप्नुयाम्

श्रीभगवानुवाच

3.3 लोकेऽस्मिन्द्विविधा निष्ठा पुरा प्रोक्ता मयानघ ।
ज्ञानयोगेन साङ्ख्यानां कर्मयोगेन योगिनाम् ॥

लोके अस्मिन् द्वि-विधा निष्ठा पुरा प्रोक्ता मया अनघ! ज्ञान-योगेन साङ्ख्यानाम् कर्म-योगेन योगिनाम्

3.4 न कर्मणामनारम्भात् नैष्कर्म्यं पुरुषोऽश्नुते ।
न च संन्यसनादेव सिद्धिं समधिगच्छति ॥

न कर्मणाम् अनारम्भात् नैष्कर्म्यम् पुरुष: अश्नुते । न च संन्यसनात् एव सिद्धिम् समधिगच्छति

3.5 न हि कश्चित्क्षणमपि जातु तिष्ठत्यकर्मकृत् ।
कार्यते ह्यवशः कर्म सर्वः प्रकृतिजैर्गुणैः ॥

न हि कश्चित् क्षणम् अपि जातु तिष्ठति कर्मकृत् । कार्यते हि अवश: कर्म सर्व: प्रकृतिजै: गुणै:

3.6 कर्मेन्द्रियाणि संयम्य य आस्ते मनसा स्मरन् ।
इन्द्रियार्थान्विमूढात्मा मिथ्याचारः स उच्यते ॥

CHAPTER 3

कर्मेन्द्रियाणि संयम्य य: आस्ते मनसा स्मरन् । इन्द्रियार्थान् विमूढात्मा मिथ्याचार: स: उच्यते

3.7 यस्त्विन्द्रियाणि मनसा नियम्यारभतेऽर्जुन ।
कर्मेन्द्रियै: कर्मयोगम् असक्त: स विशिष्यते ॥

य: तु इन्द्रियाणि मनसा नियम्य आरभते अर्जुन । कर्मेन्द्रियै: कर्म-योगम् अ-सक्त: स: विशिष्यते

3.8 नियतं कुरु कर्म त्वं कर्म ज्यायो ह्यकर्मण: ।
शरीरयात्रापि च ते न प्रसिद्ध्येदकर्मण: ॥

नियतम् कुरु कर्म त्वम् कर्म ज्याय: हि अ-कर्मण: शरीर-यात्रा अपि च ते न प्रसिद्ध्येत् अ-कर्मण:

3.9 यज्ञार्थात्कर्मणोऽन्यत्र लोकोऽयं कर्मबन्धन: ।
तदर्थं कर्म कौन्तेय मुक्तसङ्ग: समाचर ॥

यज्ञार्थात् कर्मण: अन्यत्र लोक: अयम् कर्म-बन्धन: तदर्थम् कर्म कौन्तेय मुक्त-सङ्ग: समाचर

3.10 सहयज्ञा: प्रजा: सृष्ट्वा पुरोवाच प्रजापति: ।
अनेन प्रसविष्यध्वम् एष वोऽस्त्विष्टकामधुक् ॥

सह-यज्ञा: प्रजा: सृष्ट्वा पुरा: उवाच प्रजापति: अनेन प्रसविष्यध्वम् एष: व: अस्तु इष्ट-कामधुक्

3.11 देवान्भावयतानेन ते देवा भावयन्तु व: ।
परस्परं भावयन्त: श्रेय: परमवाप्स्यथ ॥

देवान् भावयत अनेन ते देवा: भावयन्तु व: परस्परम् भावयन्त: श्रेय: परम् अवाप्स्यथ

3.12 इष्टान्भोगान्हि वो देवा दास्यन्ते यज्ञभाविता: ।
तैर्दत्तानप्रदायैभ्यो यो भुङ्क्ते स्तेन एव स: ॥

इष्टान् भोगान् हि व: देवा: दास्यन्ते यज्ञ-भाविता: तै: दत्तान् अ-प्रदाय एभ्य: य: भुङ्क्ते स्तेन: एव स:

3.13 यज्ञशिष्टाशिन: सन्तो मुच्यन्ते सर्वकिल्बिषै: ।
भुञ्जते ते त्वघं पापा ये पचन्त्यात्मकारणात् ॥

यज्ञ-शिष्टाशिन: सन्त: मुच्यन्ते सर्व-किल्बिषै: भुञ्जते ते तु अघम् पापा: ये पचन्ति आत्म-कारणात्

3.14 अन्नाद्भवन्ति भूतानि पर्जन्यादन्नसम्भव: ।

CHAPTER 3

यज्ञाद्भवति पर्जन्यो		यज्ञः कर्मसमुद्भवः ॥
अन्नात् भवन्ति भूतानि पर्जन्यात् अन्न-सम्भवः यज्ञात् भवति पर्जन्यः यज्ञः कर्म-समुद्भवः

3.15 कर्म ब्रह्मोद्भवं विद्धि		ब्रह्माक्षरसमुद्भवम् ।
तस्मात्सर्वगतं ब्रह्म		नित्यं यज्ञे प्रतिष्ठितम् ॥
कर्म ब्रह्मोद्भवम् विद्धि ब्रह्म अक्षर-समुद्भवम् तस्मात् सर्व-गतम् ब्रह्म नित्यम् यज्ञे प्र-तिष्ठितम्

3.16 एवं प्रवर्तितं चक्रं		नानुवर्तयतीह यः ।
अघायुरिन्द्रियारामो		मोघं पार्थ स जीवति ॥
एवम् प्रवर्तितम् चक्रम् न अनुवर्तयति इह यः अघायुः इन्द्रियारामः मोघम् पार्थ सः जीवति

3.17 यस्त्वात्मरतिरेव स्यात्		आत्मतृप्तश्च मानवः ।
आत्मन्येव च सन्तुष्टः		तस्य कार्यं न विद्यते ॥
यः तु आत्मरतिः एव स्यात् आत्म-तृप्तः च मानवः आत्मनि एव च सन्तुष्टः तस्य कार्यम् न विद्यते

3.18 नैव तस्य कृतेनार्थो		नाकृतेनेह कश्चन ।
न चास्य सर्वभूतेषु		कश्चिदर्थव्यपाश्रयः ॥
न एव तस्य कृतेन अर्थः न अकृतेन इह कश्चन न च अस्य सर्व-भूतेषु कश्चित् अर्थव्यपाश्रयः

3.19 तस्मादसक्तः सततं		कार्यं कर्म समाचर ।
असक्तो ह्याचरन्कर्म		परमाप्नोति पूरुषः ॥
तस्मात् अ-सक्तः सततम् कार्यम् कर्म समाचर अ-सक्तः हि आचरन् कर्म परम् आप्नोति पूरुषः

3.20 कर्मणैव हि संसिद्धिम्		आस्थिता जनकादयः ।
लोकसङ्ग्रहमेवापि		सम्पश्यन्कर्तुमर्हसि ॥
कर्मणा एव हि संसिद्धिम् आस्थिताः जनकादयः लोक-सङ्ग्रहम् एव अपि सम्पश्यन् कर्तुम् अर्हसि

3.21 यद्यदाचरति श्रेष्ठः		तत्तदेवेतरो जनः ।
स यत्प्रमाणं कुरुते		लोकस्तदनुवर्तते ॥
यत् यत् आचरति श्रेष्ठः तत् तत् एव इतरः जनः । सः यत् प्रमाणम् कुरुते लोकः तत् अनुवर्तते

3.22 न मे पार्थास्ति कर्तव्यं त्रिषु लोकेषु किञ्चन ।
नानवाप्तमवाप्तव्यं वर्त एव च कर्मणि ॥
न मे पार्थ अस्ति कर्तव्यम् त्रिषु लोकेषु किञ्चन न अनवाप्तम् अवाप्तव्यम् वर्ते एव च कर्मणि

3.23 यदि ह्यहं न वर्तेयं जातु कर्मण्यतन्द्रितः ।
मम वर्त्मानुवर्तन्ते मनुष्याः पार्थ सर्वशः ॥
यदि हि अहम् न वर्तेयम् जातु कर्मणि अ-तन्द्रितः मम वर्त्म अनुवर्तन्ते मनुष्याः पार्थ सर्वशः

3.24 उत्सीदेयुरिमे लोका न कुर्यां कर्म चेदहम् ।
सङ्करस्य च कर्ता स्याम् उपहन्यामिमाः प्रजाः ॥
उत्सीदेयुः इमे लोकाः न कुर्याम् कर्म चेत् अहम् सङ्करस्य च कर्ता स्याम् उपहन्याम् इमाः प्रजाः

3.25 सक्ताः कर्मण्यविद्वांसो यथा कुर्वन्ति भारत ।
कुर्याद्विद्वांस्तथाऽसक्तः चिकीर्षुर्लोकसङ्ग्रहम् ॥
सक्ताः कर्मणि अ-विद्वांसः यथा कुर्वन्ति भारत कुर्यात् विद्वान् तथा अ-सक्तः चिकीर्षुः लोक-सङ्ग्रहम्

3.26 न बुद्धिभेदं जनयेत् अज्ञानां कर्मसङ्गिनाम् ।
जोषयेत्सर्वकर्माणि विद्वान्युक्तः समाचरन् ॥
न बुद्धि-भेदम् जनयेत् अ-ज्ञानाम् कर्म-सङ्गिनाम् जोषयेत् सर्व-कर्माणि विद्वान् युक्तः समाचरन्

3.27 प्रकृतेः क्रियमाणानि गुणैः कर्माणि सर्वशः ।
अहङ्कारविमूढात्मा कर्ताऽहमिति मन्यते ॥
प्रकृतेः क्रियमाणानि गुणैः कर्माणि सर्वशः अहङ्कार-विमूढात्मा कर्ता अहम् इति मन्यते

3.28 तत्त्ववित्तु महाबाहो गुणकर्मविभागयोः ।
गुणा गुणेषु वर्तन्ते इति मत्वा न सज्जते ॥
तत्त्ववित् तु महाबाहो गुण-कर्म-विभागयोः गुणाः गुणेषु वर्तन्ते इति मत्वा न सज्जते

3.29 प्रकृतेर्गुणसम्मूढाः सज्जन्ते गुणकर्मसु ।

तानकृत्स्नविदो मन्दान्		कृत्स्नविन्न विचालयेत् ।।

प्रकृतेः गुण-सम्मूढाः सज्जन्ते गुण-कर्मसु तान् अ-कृत्स्नविदः मन्दान् कृत्स्नविद् न विचालयेत्

3.30 मयि सर्वाणि कर्माणि		संन्यस्याध्यात्मचेतसा ।
निराशीर्निर्ममो भूत्वा		युद्ध्यस्व विगतज्वरः ।।

मयि सर्वाणि कर्माणि संन्यस्य अध्यात्म-चेतसा निराशीः निर्ममः भूत्वा युद्ध्यस्व विगत-ज्वरः

3.31 ये मे मतमिदं नित्यम्		अनुतिष्ठन्ति मानवाः ।
श्रद्धावन्तोऽनसूयन्तो		मुच्यन्ते तेऽपि कर्मभिः ।।

ये मे मतम् इदम् नित्यम् अनुतिष्ठन्ति मानवाः श्रद्धावन्तः अनसूयन्तः मुच्यन्ते ते अपि कर्मभिः

3.32 ये त्वेतदभ्यसूयन्तो		नानुतिष्ठन्ति मे मतम् ।
सर्वज्ञानविमूढांस्तान्		विद्धि नष्टानचेतसः ।।

ये तु एतत् अभ्यसूयन्तः न अनुतिष्ठन्ति मे मतम् सर्व-ज्ञान-विमूढान् तान् विद्धि नष्टान् अ-चेतसः

3.33 सदृशं चेष्टते स्वस्याः		प्रकृतेर्ज्ञानवानपि ।
प्रकृतिं यान्ति भूतानि		निग्रहः किं करिष्यति ।।

सदृशम् चेष्टते स्वस्याः प्रकृतेः ज्ञानवान् अपि प्रकृतिम् यान्ति भूतानि निग्रहः किम् करिष्यति

3.34 इन्द्रियस्येन्द्रियस्यार्थे		रागद्वेषौ व्यवस्थितौ ।
तयोर्न वशमागच्छेत्		तौ ह्यस्य परिपन्थिनौ ।।

इन्द्रियस्य इन्द्रियस्य अर्थे राग-द्वेषौ व्यवस्थितौ तयोः न वशम् आगच्छेत् तौ हि अस्य परिपन्थिनौ

3.35 **श्रेयान्स्वधर्मो विगुणः		परधर्मात्स्वनुष्ठितात् ।**
**स्वधर्मे निधनं श्रेयः		परधर्मो भयावहः ।।**

श्रेयान् स्व-धर्मः विगुणः पर-धर्मात् स्वनुष्ठितात् स्व-धर्मे निधनम् श्रेयः पर-धर्मः भयावहः

CHAPTER 3

अर्जुन उवाच

3.36 अथ केन प्रयुक्तोऽयं पापं चरति पूरुषः ।
अनिच्छन्नपि वार्ष्णेय बलादिव नियोजितः ।।

अथ केन प्रयुक्तः अयम् पापम् चरति पूरुषः अनिच्छन् अपि वार्ष्णेय बलात् इव नियोजितः

श्रीभगवानुवाच

3.37 काम एष क्रोध एष रजोगुणसमुद्भवः ।
महाशनो महापाप्मा विद्ध्येनमिह वैरिणम् ।।

कामः एषः क्रोधः एषः रजो-गुण-समुद्भवः महाशनः महापाप्मा विद्धि एनम् इह वैरिणम्

3.38 धूमेनाव्रियते वह्निः यथादर्शो मलेन च ।
यथोल्बेनावृतो गर्भः तथा तेनेदमावृतम् ।।

धूमेन आव्रियते वह्निः यथा आदर्शः मलेन च यथाः उल्बेन आवृतः गर्भः तथा तेन इदम् आवृतम्

3.39 आवृतं ज्ञानमेतेन ज्ञानिनो नित्यवैरिणा ।
कामरूपेण कौन्तेय दुष्पूरेणानलेन च ।।

आवृतम् ज्ञानम् एतेन ज्ञानिनः नित्य-वैरिणा काम-रूपेण कौन्तेय दुष्पूरेण अनलेन च

3.40 इन्द्रियाणि मनो बुद्धिः अस्याधिष्ठानमुच्यते ।
एतैर्विमोहयत्येष ज्ञानमावृत्य देहिनम् ।।

इन्द्रियाणि मनः बुद्धिः अस्य अधिष्ठानम् उच्यते एतैः विमोहयति एषः ज्ञानम् आवृत्य देहिनम्

3.41 तस्मात्त्वमिन्द्रियाण्यादौ नियम्य भरतर्षभ ।
पाप्मानं प्रजहि ह्येनं ज्ञानविज्ञाननाशनम् ।।

तस्मात् त्वम् इन्द्रियाणि आदौ नियम्य भरतर्षभ पाप्मानम् प्रजहि हि एनम् ज्ञान-विज्ञान-नाशनम्

3.42 इन्द्रियाणि पराण्याहुः इन्द्रियेभ्यः परं मनः ।
मनसस्तु परा बुद्धिः यो बुद्धेः परतस्तु सः ।।

इन्द्रियाणि पराणि आहुः इन्द्रियेभ्यः परम् मनः मनसः तु परा बुद्धिः यः बुद्धेः परतः तु सः

3.43 एवं बुद्धेः परं बुद्ध्वा संस्तभ्यात्मानमात्मना ।
जहि शत्रुं महाबाहो कामरूपं दुरासदम् ।।

एवम् बुद्धेः परम् बुद्ध्वा संस्तभ्य आत्मानम् आत्मना जहि शत्रुम् महाबाहो काम-रूपम् दुरासदम्

इति श्रीमद्भगवद्गीतासूपनिषत्सु ब्रह्मविद्यायां योगशास्त्रे
श्रीकृष्णार्जुनसंवादे कर्मयोगो नाम तृतीयोऽध्यायः ।।

इति श्रीमद्-भगवद्-गीतासु उपनिषत्सु ब्रह्म-विद्यायां योग-शास्त्रे श्रीकृष्ण-अर्जुन-संवादे कर्मयोगः नाम तृतीयः अध्यायः ।

CHAPTER 4
चतुर्थोऽध्यायः

ज्ञानकर्मसंन्यासयोगः
THE YOGA OF KNOWLEDGE, CONDUCT AND RENUNCIATION

श्रीभगवानुवाच

4.1 इमं विवस्वते योगं प्रोक्तवानहमव्ययम् ।
विवस्वान्मनवे प्राह मनुरिक्ष्वाकवेऽब्रवीत् ।।

इमम् विवस्वते योगम् प्रोक्तवान् अहम् अ-व्ययम् विवस्वान् मनवे प्राह मनुः इक्ष्वाकवे अब्रवीत्

4.2 एवं परम्पराप्राप्तम् इमं राजर्षयो विदुः ।
स कालेनेह महता योगो नष्टः परन्तप ।।

एवम् परम्परा-प्राप्तम् इमम् राजर्षयः विदुः सः कालेन इह महता योगः नष्टः परन्तप

4.3 स एवायं मया तेऽद्य योगः प्रोक्तः पुरातनः ।
भक्तोऽसि मे सखा चेति रहस्यं ह्येतदुत्तमम् ।।

सः एव अयम् मया ते अद्य योगः प्रोक्तः पुरातनः भक्तः असि मे सखा च इति रहस्यम् हि एतत् उत्तमम्

अर्जुन उवाच

CHAPTER 4

4.4 अपरं भवतो जन्म परं जन्म विवस्वतः ।
कथमेतद्विजानीयां त्वमादौ प्रोक्तवानिति ॥

अपरम् भवत: जन्म परम् जन्म विवस्वत: कथम् एतत् विजानीयाम् त्वम् आदौ प्रोक्तवान् इति

श्रीभगवानुवाच

4.5 बहूनि मे व्यतीतानि जन्मानि तव चार्जुन ।
तान्यहं वेद सर्वाणि न त्वं वेत्थ परन्तप ॥

बहूनि मे व्यतीतानि जन्मानि तव च अर्जुन तानि अहम् वेद सर्वाणि न त्वम् वेत्थ परन्तप

4.6 अजोऽपि सन्नव्ययात्मा भूतानामीश्वरोऽपि सन् ।
प्रकृतिं स्वामधिष्ठाय सम्भवाम्यात्ममायया ॥

अज: अपि सन् अ-व्ययात्मा भूतानाम् ईश्वर: अपि सन् प्रकृतिम् स्वाम् अधिष्ठाय सम्भवामि आत्म-मायया

4.7 **यदा यदा हि धर्मस्य ग्लानिर्भवति भारत ।
अभ्युत्थानमधर्मस्य तदात्मानं सृजाम्यहम् ॥**

यदा यदा हि धर्मस्य ग्लानि: भवति भारत अभ्युत्थानम् अ-धर्मस्य तदा आत्मानम् सृजामि अहम्

4.8 **परित्राणाय साधूनां विनाशाय च दुष्कृताम् ।
धर्मसंस्थापनार्थाय सम्भवामि युगे युगे ॥**

परित्राणाय साधूनाम् विनाशाय च दुष्कृताम् धर्म-संस्थापनार्थाय सम्भवामि युगे युगे

4.9 जन्म कर्म च मे दिव्यम् एवं यो वेत्ति तत्त्वतः ।
त्यक्त्वा देहं पुनर्जन्म नैति मामेति सोऽर्जुन ॥

जन्म कर्म च मे दिव्यम् एवम् य: वेत्ति तत्त्वत: त्यक्त्वा देहम् पुनर्जन्म न एति माम् एति स: अर्जुन

4.10 वीतरागभयक्रोधा मन्मया मामुपाश्रिताः ।
बहवो ज्ञानतपसा पूता मद्भावमागताः ॥

वीत-राग-भय-क्रोधा: मन्मया: माम् उपाश्रिता: बहव: ज्ञान-तपसा पूता: मद्भावम् आगता:

CHAPTER 4

4.11 ये यथा मां प्रपद्यन्ते तांस्तथैव भजाम्यहम् ।
मम वर्त्मानुवर्तन्ते मनुष्याः पार्थ सर्वशः ॥

ये यथा माम् प्रपद्यन्ते तान् तथा एव भजामि अहम् मम वर्त्म अनुवर्तन्ते मनुष्या: पार्थ सर्वश:

4.12 काङ्क्षन्तः कर्मणां सिद्धिं यजन्त इह देवताः ।
क्षिप्रं हि मानुषे लोके सिद्धिर्भवति कर्मजा ॥

काङ्क्षन्त: कर्मणाम् सिद्धिम् यजन्ते इह देवता: क्षिप्रम् हि मानुषे लोके सिद्धि: भवति कर्मजा

4.13 चातुर्वर्ण्यं मया सृष्टं गुणकर्मविभागशः ।
तस्य कर्तारमपि मां विद्ध्यकर्तारमव्ययम् ॥

चातुर्वर्ण्यम् मया सृष्टम् गुण-कर्म-विभागश: तस्य कर्तारम् अपि माम् विद्धि अ-कर्तारम् अ-व्ययम्

4.14 न मां कर्माणि लिम्पन्ति न मे कर्मफले स्पृहा ।
इति मां योऽभिजानाति कर्मभिर्न स बध्यते ॥

न माम् कर्माणि लिम्पन्ति न मे कर्म-फले स्पृहा इति माम् य: अभिजानाति कर्मभि: न स: बध्यते

4.15 एवं ज्ञात्वा कृतं कर्म पूर्वैरपि मुमुक्षुभिः ।
कुरु कर्मैव तस्मात्त्वं पूर्वैः पूर्वतरं कृतम् ॥

एवम् ज्ञात्वा कृतम् कर्म पूर्वै: अपि मुमुक्षुभि: कुरु कर्म एव तस्मात् त्वम् पूर्वै: पूर्वतरम् कृतम्

4.16 किं कर्म किमकर्मेति कवयोऽप्यत्र मोहिताः ।
तत्ते कर्म प्रवक्ष्यामि यज्ज्ञात्वा मोक्ष्यसेऽशुभात् ॥

किम् कर्म किम् अकर्म इति कवय: अपि अत्र मोहिता: तत् ते कर्म प्रवक्ष्यामि यत् ज्ञात्वा मोक्ष्यसे अशुभात्

4.17 कर्मणो ह्यपि बोद्धव्यं बोद्धव्यं च विकर्मणः ।
अकर्मणश्च बोद्धव्यं गहना कर्मणो गतिः ॥

कर्मण: हि अपि बोद्धव्यम् बोद्धव्यम् च वि-कर्मण: अ-कर्मण: च बोद्धव्यम् गहना कर्मण: गति:

4.18 कर्मण्यकर्म यः पश्येत् अकर्मणि च कर्म यः ।
स बुद्धिमान्मनुष्येषु स युक्तः कृत्स्नकर्मकृत् ॥

CHAPTER 4

कर्मणि अकर्म यः पश्येत् अ-कर्मणि च कर्म यः सः बुद्धिमान् मनुष्येषु सः युक्तः कृत्स्न-कर्म-कृत्

4.19 यस्य सर्वे समारम्भाः कामसङ्कल्पवर्जिताः ।
ज्ञानाग्निदग्धकर्माणं तमाहुः पण्डितं बुधाः ।।

यस्य सर्वे समारम्भाः काम-सङ्कल्प-वर्जिताः ज्ञानाग्नि-दग्ध-कर्माणम् तम् आहुः पण्डितम् बुधाः

4.20 त्यक्त्वा कर्मफलासङ्गं नित्यतृप्तो निराश्रयः ।
कर्मण्यभिप्रवृत्तोऽपि नैव किञ्चित्करोति सः ।।

त्यक्त्वा कर्म-फलासङ्गम् नित्य-तृप्तः निराश्रयः कर्मणि अभिप्रवृत्तः अपि न एव किञ्चित् करोति सः

4.21 निराशीर्यतचित्तात्मा त्यक्तसर्वपरिग्रहः ।
शारीरं केवलं कर्म कुर्वन्नाप्नोति किल्बिषम् ।।

निराशीः यत-चित्तात्मा त्यक्त-सर्व-परिग्रहः शारीरम् केवलम् कर्म कुर्वन् न आप्नोति किल्बिषम्

4.22 यदृच्छालाभसन्तुष्टो द्वन्द्वातीतो विमत्सरः ।
समः सिद्धावसिद्धौ च कृत्वापि न निबद्ध्यते ।।

यदृच्छा-लाभ-सन्तुष्टः द्वन्द्वातीतः विमत्सरः समः सिद्धौ असिद्धौ च कृत्वा अपि न निबद्ध्यते

4.23 गतसङ्गस्य मुक्तस्य ज्ञानावस्थितचेतसः ।
यज्ञायाचरतः कर्म समग्रं प्रविलीयते ।।

गत-सङ्गस्य मुक्तस्य ज्ञानावस्थित-चेतसः यज्ञाय आचरतः कर्म समग्रम् प्रविलीयते

4.24 ब्रह्मार्पणं ब्रह्म हविः ब्रह्माग्नौ ब्रह्मणा हुतम् ।
ब्रह्मैव तेन गन्तव्यं ब्रह्मकर्मसमाधिना ।।

ब्रह्म अर्पणम् ब्रह्म हविः ब्रह्माग्नौ ब्रह्मणा हुतम् ब्रह्म एव तेन गन्तव्यम् ब्रह्म-कर्म-समाधिना

4.25 दैवमेवापरे यज्ञं योगिनः पर्युपासते ।
ब्रह्माग्नावपरे यज्ञं यज्ञेनैवोपजुह्वति ।।

दैवम् एव अपरे यज्ञम् योगिनः पर्युपासते ब्रह्माग्नौ अपरे यज्ञम् यज्ञेन एवः उपजुह्वति

4.26 श्रोत्रादीनीन्द्रियाण्यन्ये संयमाग्निषु जुह्वति ।

शब्दादीन्विषयानन्य इन्द्रियाग्निषु जुह्वति ॥

श्रोत्रादीनि इन्द्रियाणि अन्ये संयमाग्निषु जुह्वति शब्दादीन् विषयान् अन्ये इन्द्रियाग्निषु जुह्वति

4.27 सर्वाणीन्द्रियकर्माणि प्राणकर्माणि चापरे ।
आत्मसंयमयोगाग्नौ जुह्वति ज्ञानदीपिते ॥

सर्वाणि इन्द्रिय-कर्माणि प्राण-कर्माणि च अपरे आत्म-संयम-योगाग्नौ जुह्वति ज्ञान-दीपिते

4.28 द्रव्ययज्ञास्तपोयज्ञा योगयज्ञास्तथापरे ।
स्वाध्यायज्ञानयज्ञाश्च यतयः संशितव्रताः ॥

द्रव्य-यज्ञाः तपोयज्ञाः योग-यज्ञाः तथा अपरे स्वाध्याय-ज्ञान-यज्ञाः च यतयः संशित-व्रताः

4.29 अपाने जुह्वति प्राणं प्राणेऽपानं तथापरे ।
प्राणापानगती रुद्ध्वा प्राणायामपरायणाः ॥

अपाने जुह्वति प्राणम् प्राणे अपानम् तथा अपरे प्राणापानगती रुद्ध्वा प्राणायाम-परायणाः

4.30 अपरे नियताहाराः प्राणान्प्राणेषु जुह्वति ।
सर्वेऽप्येते यज्ञविदो यज्ञक्षपितकल्मषाः ॥

अपरे नियताहाराः प्राणान् प्राणेषु जुह्वति सर्वे अपि एते यज्ञ-विदः यज्ञ-क्षपित-कल्मषाः

4.31 यज्ञशिष्टामृतभुजो यान्ति ब्रह्म सनातनम् ।
नायं लोकोऽस्त्ययज्ञस्य कुतोऽन्यः कुरुसत्तम ॥

यज्ञशिष्टामृत-भुजः यान्ति ब्रह्म सनातनम् न अयम् लोकः अस्ति अ-यज्ञस्य कुतः अन्यः कुरुसत्तम

4.32 एवं बहुविधा यज्ञा वितता ब्रह्मणो मुखे ।
कर्मजान्विद्धि तान्सर्वान् एवं ज्ञात्वा विमोक्ष्यसे ॥

एवम् बहुविधाः यज्ञाः विततः ब्रह्मणः मुखे कर्मजान् विद्धि तान् सर्वान् एवम् ज्ञात्वा विमोक्ष्यसे

4.33 श्रेयान्द्रव्यमयाद्यज्ञात् ज्ञानयज्ञः परन्तप ।
सर्वं कर्माखिलं पार्थ ज्ञाने परिसमाप्यते ॥

श्रेयान् द्रव्य-मयात् यज्ञात् ज्ञान-यज्ञः परन्तप सर्वम् कर्म अखिलम् पार्थ ज्ञाने परि-समाप्यते

CHAPTER 4

4.34 तद्विद्धि प्रणिपातेन परिप्रश्नेन सेवया ।
उपदेक्ष्यन्ति ते ज्ञानं ज्ञानिनस्तत्त्वदर्शिनः ।।

तत् विद्धि प्रणिपातेन परि-प्रश्नेन सेवया: उपदेक्ष्यन्ति ते ज्ञानम् ज्ञानिनः तत्त्व-दर्शिनः

4.35 यज्ज्ञात्वा न पुनर्मोहम् एवं यास्यसि पाण्डव ।
येन भूतान्यशेषेण द्रक्ष्यस्यात्मन्यथो मयि ।।

यत् ज्ञात्वा न पुनर्मोहम् एवम् यास्यसि पाण्डव येन भूतानि अ-शेषेण द्रक्ष्यसि आत्मनि अथः मयि

4.36 अपि चेदसि पापेभ्यः सर्वेभ्यः पापकृत्तमः ।
सर्वं ज्ञानप्लवेनैव वृजिनं सन्तरिष्यसि ।।

अपि चेत् असि पापेभ्यः सर्वेभ्यः पाप-कृत्तमः । ज्ञान-प्लवेन एव वृजिनं सन्तरिष्यसि

4.37 यथैधांसि समिद्धोऽग्निः भस्मसात्कुरुतेऽर्जुन ।
ज्ञानाग्निः सर्वकर्माणि भस्मसात्कुरुते तथा ।।

यथा एधांसि समिद्धः अग्निः भस्मसात् कुरुते अर्जुन ज्ञानाग्निः सर्व-कर्माणि भस्मसात् कुरुते तथा

4.38 न हि ज्ञानेन सदृशं पवित्रमिह विद्यते ।
तत्स्वयं योगसंसिद्धः कालेनात्मनि विन्दति ।।

न हि ज्ञानेन सदृशं पवित्रम् इह विद्यते । तत् स्वयं योग-संसिद्धः कालेन आत्मनि विन्दति

4.39 श्रद्धावाँल्लभते ज्ञानं तत्परः संयतेन्द्रियः ।
ज्ञानं लब्ध्वा परां शान्तिम् अचिरेणाधिगच्छति ।।

श्रद्धावान् लभते ज्ञानम् तत्परः संयतेन्द्रियः ज्ञानम् लब्ध्वा पराम् शान्तिम् अचिरेण अधिगच्छति

4.40 अज्ञश्चाश्रद्दधानश्च संशयात्मा विनश्यति ।
नायं लोकोऽस्ति न परो न सुखं संशयात्मनः ।।

अज्ञः च अ-श्रद्दधानः च संशयात्मा विनश्यति न अयम् लोकः अस्ति न परः न सुखम् संशयात्मनः

4.41 योगसंन्यस्तकर्माणं ज्ञानसञ्छिन्नसंशयम् ।
आत्मवन्तं न कर्माणि निबध्नन्ति धनञ्जय ।।

योग-संन्यस्त-कर्माणम् ज्ञान-संच्छिन्न-संशयम् आत्मवन्तम् न कर्माणि निबध्नन्ति धनञ्जय

4.42 तस्मादज्ञानसम्भूतं हृत्स्थं ज्ञानासिनात्मनः ।
छित्त्वैनं संशयं योगम् आतिष्ठोत्तिष्ठ भारत ।।

तस्मात् अ-ज्ञान-सम्भूतम् हृत्स्थम् ज्ञानासिना आत्मनः छित्त्वा एनम् संशयम् योगम् आतिष्ठः उत्तिष्ठ भारत

इति श्रीमद्भगवद्गीतासूपनिषत्सु ब्रह्मविद्यायां योगशास्त्रे
श्रीकृष्णार्जुनसंवादे ज्ञानकार्मसंन्यासयोगो नाम चतुर्थोऽध्यायः ।।

इति श्रीमद्-भगवद्-गीतासु उपनिषत्सु ब्रह्म-विद्यायां योग-शास्त्रे श्रीकृष्ण-अर्जुन-संवादे
ज्ञानकार्मसंन्यासयोगः नाम चतुर्थः अध्यायः ।

CHAPTER 5
पञ्चमोऽध्यायः

कर्मसंन्यासयोग:
THE YOGA OF CONDUCT AND RENUNCIATION

अर्जुन उवाच

5.1 संन्यासं कर्मणां कृष्ण पुनर्योगं च शंससि ।
यच्छ्रेय एतयोरेकं तन्मे ब्रूहि सुनिश्चितम् ।।

संन्यासम् कर्मणाम् कृष्ण पुनर्योगम् च शंससि यत् श्रेयः एतयोः एकम् तत् मे ब्रूहि सु-निश्चितम्

श्रीभगवानुवाच

5.2 संन्यासः कर्मयोगश्च निःश्रेयसकरावुभौ ।
तयोस्तु कर्मसंन्यासात् कर्मयोगो विशिष्यते ।।

संन्यासः कर्मयोगः च निः-श्रेयसकरौः उभौ तयोः तु कर्म-संन्यासात् कर्म-योगः विशिष्यते

5.3 ज्ञेयः स नित्यसंन्यासी यो न द्वेष्टि न काङ्क्षति ।

CHAPTER 5

निर्द्वन्द्वो हि महाबाहो सुखं बन्धात्प्रमुच्यते ।।
ज्ञेय: स: नित्य-संन्यासी य: न द्वेष्टि न काङ्क्षति निर्द्वन्द्व: हि महाबाहो सुखम् बन्धात् प्रमुच्यते

5.4 साङ्ख्ययोगौ पृथग्बाला: प्रवदन्ति न पण्डिता: ।
एकमप्यास्थित: सम्यक् उभयोर्विन्दते फलम् ।।
साङ्ख्य-योगौ पृथक् बाला: प्रवदन्ति न पण्डिता: एकम् अपि आस्थित: सम्यक् उभयो: विन्दते फलम्

5.5 यत्साङ्ख्यै: प्राप्यते स्थानं तद्योगैरपि गम्यते ।
एकं साङ्ख्यं च योगं च य: पश्यति स पश्यति ।।
यत् साङ्ख्यै: प्राप्यते स्थानम् तत् योगै: अपि गम्यते एकम् साङ्ख्यम् च योगम् च य: पश्यति स: पश्यति

5.6 संन्यासस्तु महाबाहो दुःखमाप्तुमयोगत: ।
योगयुक्तो मुनिर्ब्रह्म नचिरेणाधिगच्छति ।।
संन्यास: तु महाबाहो दुःखम् आप्तुम् अ-योगत: योग-युक्त: मुनि: ब्रह्म न-चिरेण अधिगच्छति

5.7 योगयुक्तो विशुद्धात्मा विजितात्मा जितेन्द्रिय: ।
सर्वभूतात्मभूतात्मा कुर्वन्नपि न लिप्यते ।।
योग-युक्त: विशुद्धात्मा विजितात्मा जितेन्द्रिय: सर्व-भूतात्म-भूतात्मा कुर्वन् अपि न लिप्यते

5.8 नैव किञ्चित्करोमीति युक्तो मन्येत तत्त्ववित् ।
पश्यञ्शृण्वन्स्पृशञ्जिघ्रन् अश्नन्गच्छन्स्वपञ्श्वसन् ।।
न एव किञ्चित् करोमि इति युक्त: मन्येत तत्त्ववित् ।
पश्यन् शृण्वन् स्पृशन् जिघ्रन् अश्नन् गच्छन् स्वपन् श्वसन्

5.9 प्रलपन्विसृजन्गृह्णन् उन्मिषन्निमिषन्नपि ।
इन्द्रियाणीन्द्रियार्थेषु वर्तन्त इति धारयन् ।।
प्रलपन् विसृजन् गृह्णन् उन्मिषन् निमिषन् अपि इन्द्रियाणि इन्द्रियार्थेषु वर्तन्ते इति धारयन्

5.10 ब्रह्मण्याधाय कर्माणि सङ्गं त्यक्त्वा करोति य: ।
लिप्यते न स पापेन पद्मपत्रमिवाम्भसा ।।

CHAPTER 5

ब्रह्मणि आधाय कर्माणि सङ्गम् त्यक्त्वा करोति य: लिप्यते न स: पापेन पद्म-पत्रम् इव अम्भसा

5.11 कायेन मनसा बुद्ध्या केवलैरिन्द्रियैरपि ।
योगिन: कर्म कुर्वन्ति सङ्गं त्यक्त्वात्मशुद्धये ॥
कायेन मनसा बुद्ध्या केवलै: इन्द्रियै: अपि योगिन: कर्म कुर्वन्ति सङ्गम् त्यक्त्वा आत्म-शुद्धये

5.12 युक्त: कर्मफलं त्यक्त्वा शान्तिमाप्नोति नैष्ठिकीम् ।
अयुक्त: कामकारेण फले सक्तो निबद्ध्यते ॥
युक्त: कर्म-फलम् त्यक्त्वा शान्तिम् आप्नोति नैष्ठिकीम् अ-युक्त: काम-कारेण फले सक्त: निबद्ध्यते

5.13 सर्वकर्माणि मनसा संन्यस्यास्ते सुखं वशी ।
नवद्वारे पुरे देही नैव कुर्वन्न कारयन् ॥
सर्व-कर्माणि मनसा संन्यस्य आस्ते सुखम् वशी नव-द्वारे पुरे देही न एव कुर्वन् न कारयन्

5.14 न कर्तृत्वं न कर्माणि लोकस्य सृजति प्रभु: ।
न कर्मफलसंयोगं स्वभावस्तु प्रवर्तते ॥
न कर्तृत्वम् न कर्माणि लोकस्य सृजति प्रभु: न कर्म-फल-संयोगम् स्वभाव: तु प्रवर्तते

5.15 नादत्ते कस्यचित्पापं न चैव सुकृतं विभु: ।
अज्ञानेनावृतं ज्ञानं तेन मुह्यन्ति जन्तव: ॥
न आदत्ते कस्यचित् पापम् न च एव सुकृतम् विभु: अज्ञानेन आवृतम् ज्ञानम् तेन मुह्यन्ति जन्तव:

5.16 ज्ञानेन तु तदज्ञानं येषां नाशितमात्मन: ।
तेषामादित्यवज्ज्ञानं प्रकाशयति तत्परम् ॥
ज्ञानेन तु तत् अ-ज्ञानम् येषाम् नाशितम् आत्मन: तेषाम् आदित्य-वत् ज्ञानम् प्रकाशयति तत् परम्

5.17 तद्बुद्धयस्तदात्मान: तन्निष्ठास्तत्परायणा: ।
गच्छन्त्यपुनरावृत्तिं ज्ञाननिर्धूतकल्मषा: ॥
तद्बुद्धय: तदात्मान: तन्निष्ठा: तत्परायणा: गच्छन्ति अपुनरावृत्तिम् ज्ञान-निर्धूत-कल्मषा:

5.18 विद्याविनयसम्पन्ने ब्राह्मणे गवि हस्तिनि ।

CHAPTER 5

शुनि चैव श्वपाके च पण्डिताः समदर्शिनः ॥
विद्या-विनय-सम्पन्ने ब्राह्मणे गवि हस्तिनि शुनि च एव श्वपाके च पण्डिता: सम-दर्शिन:

5.19 इहैव तैर्जितः सर्गो येषां साम्ये स्थितं मनः ।
निर्दोषं हि समं ब्रह्म तस्माद्ब्रह्मणि ते स्थिताः ॥
इह एव तै: जित: सर्ग: येषाम् साम्ये स्थितम् मन: निर्दोषम् हि समम् ब्रह्म तस्मात् ब्रह्मणि ते स्थिता:

5.20 न प्रहृष्येत्प्रियं प्राप्य नोद्विजेत्प्राप्य चाप्रियम् ।
स्थिरबुद्धिरसम्मूढो ब्रह्मविद्ब्रह्मणि स्थितः ॥
न प्रहृष्येत् प्रियम् प्राप्य न: उद्विजेत् प्राप्य च अ-प्रियम् स्थिर-बुद्धि: अ-सम्मूढ: ब्रह्म-वित् ब्रह्मणि स्थित:

5.21 बाह्यस्पर्शेष्वसक्तात्मा विन्दत्यात्मनि यत्सुखम् ।
स ब्रह्मयोगयुक्तात्मा सुखमक्षयमश्नुते ॥
बाह्य-स्पर्शेषु अ-सक्तात्मा विन्दति आत्मनि यत् सुखम् स: ब्रह्मयोग-युक्तात्मा सुखम् अ-क्षयम् अश्नुते

5.22 ये हि संस्पर्शजा भोगा दुःखयोनय एव ते ।
आद्यन्तवन्तः कौन्तेय न तेषु रमते बुधः ॥
ये हि संस्पर्शजा: भोगा: दु:ख-योनय: एव ते आद्यन्त-वन्त: कौन्तेय न तेषु रमते बुध:

5.23 शक्नोतीहैव यः सोढुं प्राक्शरीरविमोक्षणात् ।
कामक्रोधोद्भवं वेगं स युक्तः स सुखी नरः ॥
शक्नोति इह एव य: सोढुम् प्राक् शरीर-विमोक्षणात् काम-क्रोधोद्भवम् वेगम् स: युक्त: स: सुखी नर:

5.24 योऽन्तःसुखोऽन्तरारामः तथान्तर्ज्योतिरेव यः ।
स योगी ब्रह्मनिर्वाणं ब्रह्मभूतोऽधिगच्छति ॥
य: अन्त:-सुख: अन्तराराम: तथा अन्तर्ज्योति: एव य: स: योगी ब्रह्म-निर्वाणम् ब्रह्मभूत: अधिगच्छति

5.25 लभन्ते ब्रह्मनिर्वाणम् ऋषयः क्षीणकल्मषाः ।
छिन्नद्वैधा यतात्मानः सर्वभूतहिते रताः ॥
लभन्ते ब्रह्म-निर्वाणम् ऋषय: क्षीण-कल्मषा: छिन्न-द्वैधा: यतात्मान: सर्व-भूत-हिते रता:

CHAPTER 6

5.26 कामक्रोधवियुक्तानां यतीनां यतचेतसाम् ।
अभितो ब्रह्मनिर्वाणं वर्तते विदितात्मनाम् ॥

काम-क्रोध-वियुक्तानाम् यतीनाम् यत-चेतसाम् अभित: ब्रह्म-निर्वाणम् वर्तते विदितात्मनाम्

5.27 स्पर्शान्कृत्वा बहिर्बाह्यान् चक्षुश्चैवान्तरे भ्रुवोः ।
प्राणापानौ समौ कृत्वा नासाभ्यन्तरचारिणौ ॥

स्पर्शान् कृत्वा बहि: बाह्यान् चक्षु: च एव अन्तरे भ्रुवो: प्राणापानौ समौ कृत्वा नासाभ्यन्तर-चारिणौ

5.28 यतेन्द्रियमनोबुद्धिः मुनिर्मोक्षपरायणः ।
विगतेच्छाभयक्रोधो यः सदा मुक्त एव सः ॥

यतेन्द्रिय-मनोबुद्धि: मुनि: मोक्ष-परायण: विगतेच्छा-भय-क्रोध: य: सदा मुक्त: एव स:

5.29 भोक्तारं यज्ञतपसां सर्वलोकमहेश्वरम् ।
सुहृदं सर्वभूतानां ज्ञात्वा मां शान्तिमृच्छति ॥

भोक्तारम् यज्ञ-तपसाम् सर्व-लोक-महेश्वरम् सुहृदम् सर्व-भूतानाम् ज्ञात्वा माम् शान्तिम् ऋच्छति

इति श्रीमद्भगवद्गीतासूपनिषत्सु ब्रह्मविद्यायां योगशास्त्रे
श्रीकृष्णार्जुनसंवादे कर्मसन्यासयोगो नाम पञ्चमोऽध्यायः ॥

इति श्रीमद्-भगवद्-गीतासु उपनिषत्सु ब्रह्म-विद्यायां योग-शास्त्रे श्रीकृष्ण-अर्जुन-संवादे कर्मसंन्यासयोग: नाम पञ्चम: अध्याय: ।

CHAPTER 6

षष्ठोऽध्यायः

आत्मसंयमयोगः

THE YOGA OF SELF CONTROL

श्रीभगवानुवाच

6.1 अनाश्रितः कर्मफलं कार्यं कर्म करोति यः ।

CHAPTER 6

स संन्यासी च योगी च   न निरग्निर्न चाक्रियः ॥

अनाश्रित: कर्म-फलम् कार्यम् कर्म करोति य: स: संन्यासी च योगी च न निरग्नि: न च अ-क्रिय:

6.2 यं संन्यासमिति प्राहुः   योगं तं विद्धि पाण्डव ।
न ह्यसंन्यस्तसङ्कल्पो   योगी भवति कश्चन ॥

यम् संन्यासम् इति प्राहु: योगम् तम् विद्धि पाण्डव न हि अ-संन्यस्त-सङ्कल्प: योगी भवति कश्चन

6.3 आरुरुक्षोर्मुनेर्योगं   कर्म कारणमुच्यते ।
योगारूढस्य तस्यैव   शमः कारणमुच्यते ॥

आरुरुक्षो: मुने: योगम् कर्म कारणम् उच्यते योगारुढस्य तस्य एव शम: कारणम् उच्यते

6.4 यदा हि नेन्द्रियार्थेषु   न कर्मस्वनुषज्जते ।
सर्वसङ्कल्पसंन्यासी   योगारूढस्तदोच्यते ॥

यदा हि न इन्द्रियार्थेषु न कर्मसु अनुषज्जते सर्व-सङ्कल्प-संन्यासी योगारुढ: तदा: उच्यते

6.5 उद्धरेदात्मनात्मानं   नात्मानमवसादयेत् ।
आत्मैव ह्यात्मनो बन्धुः   आत्मैव रिपुरात्मनः ॥

उद्धरेत् आत्मना आत्मानम् न आत्मानम् अवसादयेत् आत्मा एव हि आत्मन: बन्धु: आत्मा एव रिपु: आत्मन:

6.6 बन्धुरात्मात्मनस्तस्य   येनात्मैवात्मना जितः ।
अनात्मनस्तु शत्रुत्वे   वर्तेतात्मैव शत्रुवत् ॥

बन्धु: आत्मा आत्मन: तस्य येन आत्मा एव आत्मना जित: अनात्मन: तु शत्रुत्वे वर्तेत आत्मा एव शत्रुवत्

6.7 जितात्मनः प्रशान्तस्य   परमात्मा समाहितः ।
शीतोष्णसुखदुःखेषु   तथा मानापमानयोः ॥

जितात्मन: प्र-शान्तस्य परमात्मा समाहित: शीतोष्ण-सुख-दु:खेषु तथा मानापमानयो:

6.8 ज्ञानविज्ञानतृप्तात्मा   कूटस्थो विजितेन्द्रियः ।
युक्त इत्युच्यते योगी   समलोष्टाश्मकाञ्चनः ॥

ज्ञान-विज्ञान-तृप्तात्मा कूटस्थ: विजितेन्द्रिय: युक्त: इति: उच्यते योगी सम-लोष्टाश्म-काञ्चन:

CHAPTER 6

6.9 सुहृन्मित्रार्युदासीन मध्यस्थद्वेष्यबन्धुषु ।
साधुष्वपि च पापेषु समबुद्धिर्विशिष्यते ॥

सुहृद् मित्र अरि: उदासीन मध्यस्थ द्वेष्य बन्धुषु साधुषु अपि च पापेषु सम-बुद्धि: विशिष्यते

6.10 योगी युञ्जीत सततम् आत्मानं रहसि स्थितः ।
एकाकी यतचित्तात्मा निराशीरपरिग्रहः ॥

योगी युञ्जीत सततम् आत्मानम् रहसि स्थित: एकाकी यत-चित्तात्मा निराशी: अ-परिग्रह:

6.11 शुचौ देशे प्रतिष्ठाप्य स्थिरमासनमात्मनः ।
नात्युच्छ्रितं नातिनीचं चैलाजिनकुशोत्तरम् ॥

शुचौ देशे प्रतिष्ठाप्य स्थिरम् आसनम् आत्मन: न अत्युच्छ्रितम् न अति-नीचम् चैलाजिन-कुशोत्तरम्

6.12 तत्रैकाग्रं मनः कृत्वा यतचित्तेन्द्रियक्रियः ।
उपविश्यासने युञ्ज्यात् योगमात्मविशुद्धये ॥

तत्र एकाग्रम् मन: कृत्वा यत-चित्तेन्द्रियक्रिय: उपविश्य आसने युञ्ज्यात् योगम् आत्म-विशुद्धये

6.13 समं कायशिरोग्रीवं धारयन्नचलं स्थिरः ।
सम्प्रेक्ष्य नासिकाग्रं स्वं दिशश्चानवलोकयन् ॥

समम् काय-शिरो-ग्रीवम् धारयन् अ-चलम् स्थिर: सम्प्रेक्ष्य नासिकाग्रम् स्वम् दिश: च अनवलोकयन्

6.14 प्रशान्तात्मा विगतभीः ब्रह्मचारिव्रते स्थितः ।
मनः संयम्य मच्चित्तो युक्त आसीत मत्परः ॥

प्रशान्तात्मा विगत-भी: ब्रह्मचारि-व्रते स्थित: मन: संयम्य मच्चित्त: युक्त: आसीत मत्पर:

6.15 युञ्जन्नेवं सदात्मानं योगी नियतमानसः ।
शान्तिं निर्वाणपरमां मत्संस्थामधिगच्छति ॥

युञ्जन् एवम् सदा आत्मानम् योगी नियत-मानस: शान्तिम् निर्वाण-परमाम् मत्संस्थाम् अधिगच्छति

6.16 नात्यश्नतस्तु योगोऽस्ति न चैकान्तमनश्नतः ।

न चाति स्वप्नशीलस्य जाग्रतो नैव चार्जुन ॥

न अति अश्नतः तु योगः अस्ति न च एकान्तम् अनश्नतः न च अति स्वप्न-शीलस्य जाग्रतः न एव च अर्जुन

6.17 युक्ताहारविहारस्य युक्तचेष्टस्य कर्मसु ।
युक्तस्वप्नावबोधस्य योगो भवति दुःखहा ॥

युक्ताहारविहारस्य युक्त-चेष्टस्य कर्मसु युक्त-स्वप्नावबोधस्य योगः भवति दुःखहा

6.18 यदा विनियतं चित्तम् आत्मन्येवावतिष्ठते ।
निःस्पृहः सर्वकामेभ्यो युक्त इत्युच्यते तदा ॥

यदा विनियतम् चित्तम् आत्मनि एव अवतिष्ठते निःस्पृहः सर्व-कामेभ्यः युक्तः इतिः उच्यते तदा

6.19 यथा दीपो निवातस्थो नेङ्गते सोपमा स्मृता ।
योगिनो यतचित्तस्य युञ्जतो योगमात्मनः ॥

यथा दीपः निवातस्थः न इङ्गते साः उपमा स्मृता योगिनः यत-चित्तस्य युञ्जतः योगम् आत्मनः

6.20 यत्रोपरमते चित्तं निरुद्धं योगसेवया ।
यत्र चैवात्मनात्मानं पश्यन्नात्मनि तुष्यति ॥

यत्र उयपरमते चित्तं निरुद्धं योग-सेवया । यत्र च एव आत्मना आत्मानं पश्यन् आत्मनि तुष्यति

6.21 सुखमात्यन्तिकं यत्तद् बुद्धिग्राह्यमतीन्द्रियम् ।
वेत्ति यत्र न चैवायं स्थितश्चलति तत्त्वतः ॥

सुखम् आत्यन्तिकम् यत् तत् बुद्धि-ग्राह्यम् अतीन्द्रियम् वेत्ति यत्र न च एव अयम् स्थितः चलति तत्त्वतः

6.22 यं लब्ध्वा चापरं लाभं मन्यते नाधिकं ततः ।
यस्मिन्स्थितो न दुःखेन गुरुणापि विचाल्यते ॥

यम् लब्ध्वा च अपरम् लाभम् मन्यते न अधिकम् ततः यस्मिन् स्थितः न दुःखेन गुरुणा अपि विचाल्यते

6.23 तं विद्याद्दुःखसंयोग- -वियोगं योगसंज्ञितम् ।
स निश्चयेन योक्तव्यो योगोऽनिर्विण्णचेतसा ॥

तम् विद्यात् दुःख-संयोग-वियोगम् योग-संज्ञितम् सः निश्चयेन योक्तव्यः योगः अ-निर्विण्ण-चेतसा

CHAPTER 6

6.24 सङ्कल्पप्रभवान्कामान् त्यक्त्वा सर्वानशेषतः ।
मनसैवेन्द्रियग्रामं विनियम्य समन्ततः ॥
सङ्कल्प-प्रभवान् कामान् त्यक्त्वा सर्वान् अ-शेषतः मनसा एव इन्द्रिय-ग्रामम् विनियम्य समन्ततः

6.25 शनैः शनैरुपरमेत् बुद्ध्या धृतिगृहीतया ।
आत्मसंस्थं मनः कृत्वा न किञ्चिदपि चिन्तयेत् ॥
शनैः शनैः उपरमेत् बुद्ध्या धृति-गृहीतया आत्म-संस्थम् मनः कृत्वा न किञ्चित् अपि चिन्तयेत्

6.26 यतो यतो निश्चरति मनश्चञ्चलमस्थिरम् ।
ततस्ततो नियम्यैतत् आत्मन्येव वशं नयेत् ॥
यतः यतः निश्चरति मनः चञ्चलम् अ-स्थिरम् ततः ततः नियम्य एतत् आत्मनि एव वशम् नयेत्

6.27 प्रशान्तमनसं ह्येनं योगिनं सुखमुत्तमम् ।
उपैति शान्तरजसं ब्रह्मभूतमकल्मषम् ॥
प्रशान्त-मनसम् हि एनम् योगिनम् सुखम् उत्तमम् उपैति शान्त-रजसम् ब्रह्मभूतम् अ-कल्मषम्

6.28 युञ्जन्नेवं सदात्मानं योगी विगतकल्मषः ।
सुखेन ब्रह्मसंस्पर्शम् अत्यन्तं सुखमश्नुते ॥
युञ्जन् एवम् सदा आत्मानम् योगी विगत-कल्मषः सुखेन ब्रह्म-संस्पर्शम् अत्यन्तम् सुखम् अश्नुते

6.29 सर्वभूतस्थमात्मानं सर्वभूतानि चात्मनि ।
ईक्षते योगयुक्तात्मा सर्वत्र समदर्शनः ॥
सर्व-भूतस्थम् आत्मानम् सर्व-भूतानि च आत्मनि ईक्षते योग-युक्तात्मा सर्वत्र सम-दर्शनः

6.30 यो मां पश्यति सर्वत्र सर्वं च मयि पश्यति ।
तस्याहं न प्रणश्यामि स च मे न प्रणश्यति ॥
यः माम् पश्यति सर्वत्र सर्वम् च मयि पश्यति तस्य अहम् न प्रणश्यामि सः च मे न प्रणश्यति

6.31 सर्वभूतस्थितं यो मां भजत्येकत्वमास्थितः ।
सर्वथा वर्तमानोऽपि स योगी मयि वर्तते ॥

CHAPTER 6

सर्व-भूतस्थितम् य: माम् भजति एकत्वम् आस्थित: सर्वथा वर्तमान: अपि स: योगी मयि वर्तते

6.32 आत्मौपम्येन सर्वत्र समं पश्यति योऽर्जुन ।
सुखं वा यदि वा दुःखं स योगी परमो मतः ॥

आत्मौपम्येन सर्वत्र समम् पश्यति य: अर्जुन सुखम् वा यदि वा दुःखम् स: योगी परम: मत:

अर्जुन उवाच

6.33 योऽयं योगस्त्वया प्रोक्तः साम्येन मधुसूदन ।
एतस्याहं न पश्यामि चञ्चलत्वात्स्थितिं स्थिराम् ॥

य: अयम् योग: त्वया प्रोक्त: साम्येन मधु-सूदन एतस्य अहम् न पश्यामि चञ्चलत्वात् स्थितिम् स्थिराम्

6.34 चञ्चलं हि मनः कृष्ण प्रमाथि बलवद्दृढम् ।
तस्याहं निग्रहं मन्ये वायोरिव सुदुष्करम् ॥

चञ्चलम् हि मन: कृष्ण प्रमाथि बलवत् दृढम् तस्य अहम् निग्रहम् मन्ये वायो: इव सु-दुष्करम्

श्रीभगवानुवाच

6.35 असंशयं महाबाहो मनो दुर्निग्रहं चलम् ।
अभ्यासेन तु कौन्तेय वैराग्येण च गृह्यते ॥

अ-संशयम् महाबाहो मन: दुर्निग्रहम् चलम् अभ्यासेन तु कौन्तेय वैराग्येण च गृह्यते

6.36 असंयतात्मना योगो दुष्प्राप इति मे मतिः ।
वश्यात्मना तु यतता शक्योऽवाप्तुमुपायतः ॥

अ-संयतात्मना योग: दुष्प्राप: इति मे मति: वश्यात्मना तु यतता शक्य: अवाप्तुम् उपायत:

अर्जुन उवाच

6.37 अयतिः श्रद्धयोपेतो योगाच्चलितमानसः ।
अप्राप्य योगसंसिद्धिं कां गतिं कृष्ण गच्छति ॥

अ-यति: श्रद्धया: उपेत: योगात् चलित-मानस: अ-प्राप्य योग-सं-सिद्धिम् काम् गतिम् कृष्ण गच्छति

6.38 कच्चिन्नोभयविभ्रष्टः छिन्नाभ्रमिव नश्यति ।
अप्रतिष्ठो महाबाहो विमूढो ब्रह्मणः पथि ॥

CHAPTER 6

कच्चित् नः उभय-विभ्रष्टः छिन्नाभ्रम् इव नश्यति अ-प्रतिष्ठः महाबाहो विमूढः ब्रह्मणः पथि

6.39 एतन्मे संशयं कृष्ण छेत्तुमर्हस्यशेषतः ।
त्वदन्यः संशयस्यास्य छेत्ता न ह्युपपद्यते ॥

एतत् मे संशयम् कृष्ण छेत्तुम् अर्हसि अ-शेषतः त्वदन्यः संशयस्य अस्य छेत्ता न हि उपपद्यते

श्रीभगवानुवाच

6.40 पार्थ नैवेह नामुत्र विनाशस्तस्य विद्यते ।
न हि कल्याणकृत्कश्चित् दुर्गतिं तात गच्छति ॥

पार्थ न एव इह न अमुत्र विनाशः तस्य विद्यते न हि कल्याण-कृत् कश्चित् दुर्गतिम् तात गच्छति

6.41 प्राप्य पुण्यकृतां लोकान् उषित्वा शाश्वतीः समाः ।
शुचीनां श्रीमतां गेहे योगभ्रष्टोऽभिजायते ॥

प्राप्य पुण्य-कृताम् लोकान् उषित्वा शाश्वतीः समाः शुचीनाम् श्रीमताम् गेहे योग-भ्रष्टः अभिजायते

6.42 अथवा योगिनामेव कुले भवति धीमताम् ।
एतद्धि दुर्लभतरं लोके जन्म यदीदृशम् ॥

अथवा योगिनाम् एव कुले भवति धीमताम् एतत् हि दुर्लभ-तरम् लोके जन्म यत् ईदृशम्

6.43 तत्र तं बुद्धिसंयोगं लभते पौर्वदेहिकम् ।
यतते च ततो भूयः संसिद्धौ कुरुनन्दन ॥

तत्र तम् बुद्धि-संयोगम् लभते पौर्वदेहिकम् यतते च ततः भूयः संसिद्धौ कुरु-नन्दन

6.44 पूर्वाभ्यासेन तेनैव ह्रियते ह्यवशोऽपि सः ।
जिज्ञासुरपि योगस्य शब्दब्रह्मातिवर्तते ॥

पूर्वाभ्यासेन तेन एव ह्रियते हि अवशः अपि सः जिज्ञासुः अपि योगस्य शब्द-ब्रह्म अतिवर्तते

6.45 प्रयत्नाद्यतमानस्तु योगी संशुद्धकिल्बिषः ।
अनेकजन्मसंसिद्धः ततो याति परां गतिम् ॥

प्रयत्नात् यतमानः तु योगी संशुद्ध-किल्बिषः अनेक-जन्म-संसिद्धः ततः याति पराम् गतिम्

6.46 तपस्विभ्योऽधिको योगी ज्ञानिभ्योऽपि मतोऽधिकः ।
कर्मिभ्यश्चाधिको योगी तस्माद्योगी भवार्जुन ॥

तपस्विभ्यः अधिकः योगी ज्ञानिभ्यः अपि मतः अधिकः कर्मिभ्यः च अधिकः योगी तस्मात् योगी भव अर्जुन

6.47 योगिनामपि सर्वेषां मद्गतेनान्तरात्मना ।
श्रद्धावान्भजते यो मां स मे युक्ततमो मतः ॥

योगिनाम् अपि सर्वेषाम् मद्गतेन अन्तरात्मना श्रद्धावान् भजते यः माम् सः मे युक्त-तमः मतः

इति श्रीमद्भगवद्गीतासूपनिषत्सु ब्रह्मविद्यायां योगशास्त्रे
श्रीकृष्णार्जुनसंवाद आत्मसंयमयोगो नाम षष्ठोऽध्यायः ॥

इति श्रीमद्-भगवद्-गीतासु उपनिषत्सु ब्रह्म-विद्यायां योग-शास्त्रे श्रीकृष्ण-अर्जुन-संवादे आत्मसंयमयोगः नाम षष्ठोः अध्यायः ।

CHAPTER 7
सप्तमोऽध्यायः

ज्ञानविज्ञानयोगः

THE YOGA OF KNOWLEDGE AND SCIENCE

श्रीभगवानुवाच

7.1 मय्यासक्तमनाः पार्थ योगं युञ्जन्मदाश्रयः ।
असंशयं समग्रं मां यथा ज्ञास्यसि तच्छृणु ॥

मयि आसक्त-मनाः पार्थ योगम् युञ्जन् मदाश्रयः अ-संशयम् समग्रम् माम् यथा ज्ञास्यसि तत् शृणु

7.2 ज्ञानं तेऽहं सविज्ञानम् इदं वक्ष्याम्यशेषतः ।
यज्ज्ञात्वा नेह भूयोऽन्यत् ज्ञातव्यमवशिष्यते ॥

ज्ञानम् ते अहम् स-विज्ञानम् इदम् वक्ष्यामि अ-शेषतः यत् ज्ञात्वा न इह भूयः अन्यत् ज्ञातव्यम् अवशिष्यते

7.3 मनुष्याणां सहस्रेषु कश्चिद्यतति सिद्धये ।

CHAPTER 7

यततामपि सिद्धानां कश्चिन्मां वेत्ति तत्त्वतः ॥

मनुष्याणाम् सहस्रेषु कश्चित् यतति सिद्धये यतताम् अपि सिद्धानाम् कश्चित् माम् वेत्ति तत्त्वत:

7.4 भूमिरापोऽनलो वायुः खं मनो बुद्धिरेव च ।
अहङ्कार इतीयं मे भिन्ना प्रकृतिरष्टधा ॥

भूमि: आप: अनल: वायु: खम् मन: बुद्धि: एव च अहङ्कार: इति इयम् मे भिन्ना प्रकृति: अष्ट-धा

7.5 अपरेयमितस्त्वन्यां प्रकृतिं विद्धि मे पराम् ।
जीवभूतां महाबाहो ययेदं धार्यते जगत् ॥

अपरा इयम् इत: तु अन्याम् प्रकृतिम् विद्धि मे पराम् जीव-भूताम् महाबाहो यया इदम् धार्यते जगत्

7.6 एतद्योनीनि भूतानि सर्वाणीत्युपधारय ।
अहं कृत्स्नस्य जगतः प्रभवः प्रलयस्तथा ॥

एतद्योनीनि भूतानि सर्वाणि इति: उपधारय अहम् कृत्स्नस्य जगत: प्रभव: प्रलय: तथा

7.7 मत्तः परतरं नान्यत् किञ्चिदस्ति धनञ्जय ।
मयि सर्वमिदं प्रोतं सूत्रे मणिगणा इव ॥

मत्त: परतरम् न अन्यत् किञ्चित् अस्ति धनञ्जय मयि सर्वम् इदम् प्रोतम् सूत्रे मणि-गणा: इव

7.8 रसोऽहमप्सु कौन्तेय प्रभास्मि शशिसूर्ययोः ।
प्रणवः सर्ववेदेषु शब्दः खे पौरुषं नृषु ॥

रस: अहम् अप्सु कौन्तेय प्रभा अस्मि शशि-सूर्ययो: प्रणव: सर्व-वेदेषु शब्द: खे पौरुषम् नृषु

7.9 पुण्यो गन्धः पृथिव्यां च तेजश्चास्मि विभावसौ ।
जीवनं सर्वभूतेषु तपश्चास्मि तपस्विषु ॥

पुण्य: गन्ध: पृथिव्याम् च तेज: च अस्मि विभावसौ जीवनम् सर्व-भूतेषु तप: च अस्मि तपस्विषु

7.10 बीजं मां सर्वभूतानां विद्धि पार्थ सनातनम् ।
बुद्धिर्बुद्धिमतामस्मि तेजस्तेजस्विनामहम् ॥

बीजम् माम् सर्व-भूतानाम् विद्धि पार्थ सनातनम् बुद्धि: बुद्धिमताम् अस्मि तेज: तेजस्विनाम् अहम्

CHAPTER 7

7.11 बलं बलवतामस्मि कामरागविवर्जितम् ।
धर्माविरुद्धो भूतेषु कामोऽस्मि भरतर्षभ ।।

बलम् बलवताम् अस्मि काम-राग-विवर्जितम् धर्माविरुद्धः भूतेषु कामः अस्मि भरतर्षभ

7.12 ये चैव सात्त्विका भावा राजसास्तामसाश्च ये ।
मत्त एवेति तान्विद्धि न त्वहं तेषु ते मयि ।।

ये च एव सात्त्विकाः भावाः राजसाः तामसाः च ये मत्तः एव इति तान् विद्धि न तु अहम् तेषु ते मयि

7.13 त्रिभिर्गुणमयैर्भावैः एभिः सर्वमिदं जगत् ।
मोहितं नाभिजानाति मामेभ्यः परमव्ययम् ।।

त्रिभिः गुणमयैः भावैः एभिः सर्वम् इदम् जगत् मोहितम् न अभिजानाति माम् एभ्यः परम् अव्ययम्

7.14 दैवी ह्येषा गुणमयी मम माया दुरत्यया ।
मामेव ये प्रपद्यन्ते मायामेतां तरन्ति ते ।।

दैवी हि एषा गुणमयी मम माया दुरत्यया माम् एव ये प्रपद्यन्ते मायाम् एताम् तरन्ति ते

7.15 न मां दुष्कृतिनो मूढाः प्रपद्यन्ते नराधमाः ।
माययाऽपहृतज्ञाना आसुरं भावमाश्रिताः ।।

न माम् दुष्कृतिनः मूढाः प्रपद्यन्ते नराधमाः मायया अपहृत-ज्ञानाः आसुरम् भावम् आश्रिताः

7.16 चतुर्विधा भजन्ते मां जनाः सुकृतिनोऽर्जुन ।
आर्तो जिज्ञासुरर्थार्थी ज्ञानी च भरतर्षभ ।।

चतुर्विधाः भजन्ते माम् जनाः सुकृतिनः अर्जुनः आर्त्तः जिज्ञासुः अर्थार्थी ज्ञानी च भरतर्षभ

7.17 तेषां ज्ञानी नित्ययुक्त एकभक्तिर्विशिष्यते ।
प्रियो हि ज्ञानिनोऽत्यर्थम् अहं स च मम प्रियः ।।

तेषाम् ज्ञानी नित्य-युक्तः एक-भक्तिः विशिष्यते प्रियः हि ज्ञानिनः अत्यर्थम् अहम् सः च मम प्रियः

7.18 उदाराः सर्व एवैते ज्ञानी त्वात्मैव मे मतम् ।
आस्थितः स हि युक्तात्मा मामेवानुत्तमां गतिम् ।।

CHAPTER 7

उदारा: सर्वे एव एते ज्ञानी तु आत्मा एव मे मतम् आस्थित: स: हि युक्तात्मा माम् एव अनुत्तमाम् गतिम्

7.19 बहूनां जन्मनामन्ते ज्ञानवान्मां प्रपद्यते ।
वासुदेवः सर्वमिति स महात्मा सुदुर्लभः ॥

बहूनाम् जन्मनाम् अन्ते ज्ञानवान् माम् प्रपद्यते वासुदेव: सर्वम् इति स: महात्मा सु-दुर्लभ:

7.20 कामैस्तैस्तैर्हृतज्ञानाः प्रपद्यन्तेऽन्यदेवताः ।
तं तं नियममास्थाय प्रकृत्या नियताः स्वया ॥

कामै: तै: तै: हृत-ज्ञाना: प्रपद्यन्ते अन्य-देवता: तम् तम् नियमम् आस्थाय प्रकृत्या नियता: स्वया

7.21 यो यो यां यां तनुं भक्तः श्रद्धयार्चितुमिच्छति ।
तस्य तस्याचलां श्रद्धां तामेव विदधाम्यहम् ॥

यो यो याम् याम् तनुम् भक्त: श्रद्धया अर्चितुम् इच्छति तस्य तस्य अचलाम् श्रद्धाम् ताम् एव विदधामि अहम्

7.22 स तया श्रद्धया युक्तः तस्याराधनमीहते ।
लभते च ततः कामान् मयैव विहितान्हि तान् ॥

स: तया श्रद्धया युक्त: तस्य आराधनम् ईहते लभते च तत: कामान् मया एव विहितान् हि तान्

7.23 अन्तवत्तु फलं तेषां तद्भवत्यल्पमेधसाम् ।
देवान्देवयजो यान्ति मद्भक्ता यान्ति मामपि ॥

अन्तवत् तु फलम् तेषाम् तत् भवति अल्प-मेधसाम् देवान् देव-यज: यान्ति मद्भक्ता: यान्ति माम् अपि

7.24 अव्यक्तं व्यक्तिमापन्नं मन्यन्ते मामबुद्धयः ।
परं भावमजानन्तो ममाव्ययमनुत्तमम् ॥

अ-व्यक्तम् व्यक्तिम् आपन्नम् मन्यन्ते माम् अ-बुद्धय: परम् भावम् अ-जानन्त: मम अ-व्ययम् अनुत्तमम्

7.25 नाहं प्रकाशः सर्वस्य योगमायासमावृतः ।
मूढोऽयं नाभिजानाति लोको मामजमव्ययम् ॥

न अहम् प्रकाश: सर्वस्य योग-माया-समावृत: मूढ: अयम् न अभिजानाति लोक: माम् अ-जम् अ-व्ययम्

7.26 वेदाहं समतीतानि वर्तमानानि चार्जुन ।

भविष्याणि च भूतानि मां तु वेद न कश्चन ।।

वेद अहम् समतीतानि वर्तमानानि च अर्जुन भविष्याणि च भूतानि माम् तु वेद न कश्चन

7.27 इच्छाद्वेषसमुत्थेन द्वन्द्वमोहेन भारत ।
सर्वभूतानि सम्मोहं सर्गे यान्ति परन्तप ।।

इच्छा-द्वेष-समुत्थेन द्वन्द्व-मोहेन भारत सर्व-भूतानि सम्मोहम् सर्गे यान्ति परन्तप

7.28 येषां त्वन्तगतं पापं जनानां पुण्यकर्मणाम् ।
ते द्वन्द्वमोहनिर्मुक्ता भजन्ते मां दृढव्रताः ।।

येषाम् तु अन्त-गतम् पापम् जनानाम् पुण्य-कर्मणाम् ते द्वन्द्व-मोह-निर्मुक्ताः भजन्ते माम् दृढ-व्रताः

7.29 जरामरणमोक्षाय मामाश्रित्य यतन्ति ये ।
ते ब्रह्म तद्विदुः कृत्स्नम् अध्यात्मं कर्म चाखिलम् ।।

जरा-मरण-मोक्षाय माम् आश्रित्य यतन्ति ये ते ब्रह्म तत् विदुः कृत्स्नम् अध्यात्मम् कर्म च अखिलम्

7.30 साधिभूताधिदैवं मां साधियज्ञं च ये विदुः ।
प्रयाणकालेऽपि च मां ते विदुर्युक्तचेतसः ।।

साधिभूताधिदैवम् माम् साधियज्ञम् च ये विदुः प्रयाण-काले अपि च माम् ते विदुः युक्त-चेतसः

इति श्रीमद्भगवद्गीतासूपनिषत्सु ब्रह्मविद्योयां योगशास्त्रे
श्रीकृष्णार्जुनसंवादे ज्ञानविज्ञानयोगो नाम सप्तमोऽध्यायः ।।

इति श्रीमद्-भगवद्-गीतासु उपनिषत्सु ब्रह्म-विद्यायां योग-शास्त्रे श्रीकृष्ण-अर्जुन-संवादे ज्ञानविज्ञानयोगः नाम सप्तमः अध्यायः ।

CHAPTER 8
अष्टमोऽध्यायः

अक्षरब्रह्मयोगः
YOGA OF COMPREHENDING THE IMMUTABLE BRAHMA

अर्जुन उवाच

8.1 किं तद्ब्रह्म किमध्यात्मं किं कर्म पुरुषोत्तम ।
अधिभूतं च किं प्रोक्तम् अधिदैवं किमुच्यते ॥

किम् तत् ब्रह्म किम् अध्यात्मम् किम् कर्म पुरुषोत्तम अधिभूतम् च किम् प्रोक्तम् अधिदैवम् किम् उच्यते

8.2 अधियज्ञः कथं कोऽत्र देहेऽस्मिन्मधुसूदन ।
प्रयाणकाले च कथं ज्ञेयोऽसि नियतात्मभिः ॥

अधियज्ञः कथम् कः अत्र देहे अस्मिन् मधु-सूदन प्रयाण-काले च कथम् ज्ञेयः असि नियतात्मभिः

श्रीभगवानुवाच

8.3 अक्षरं ब्रह्म परमं स्वभावोऽध्यात्ममुच्यते ।
भूतभावोद्भवकरो विसर्गः कर्मसंज्ञितः ॥

अ-क्षरं ब्रह्म परमं स्वभावः अध्यात्मम् उच्यते भूत-भाव-उद्भवकरः विसर्गः कर्म-संज्ञितः

8.4 अधिभूतं क्षरो भावः पुरुषश्चाधिदैवतम् ।
अधियज्ञोऽहमेवात्र देहे देहभृतां वर ॥

अधिभूतम् क्षरः भावः पुरुषः च अधिदैवतम् अधियज्ञः अहम् एव अत्र देहे देह-भृताम् वर

8.5 अन्तकाले च मामेव स्मरन्मुक्त्वा कलेवरम् ।
यः प्रयाति स मद्भावं याति नास्त्यत्र संशयः ॥

अन्त-काले च माम् एव स्मरन् मुक्त्वा कलेवरम् यः प्रयाति सः मद्भावम् याति न अस्ति अत्र संशयः

8.6 यं यं वाऽपि स्मरन्भावं त्यजत्यन्ते कलेवरम् ।
तं तमेवैति कौन्तेय सदा तद्भावभावितः ॥

यम् यम् वा अपि स्मरन् भावम् त्यजति अन्ते कलेवरम् तम् तम् एव एति कौन्तेय सदा तद्भाव-भावितः

CHAPTER 8

8.7 तस्मात्सर्वेषु कालेषु मामनुस्मर युध्य च ।
मय्यर्पितमनोबुद्धिः मामेवैष्यस्यसंशयम् ।।

तस्मात् सर्वेषु कालेषु माम् अनुस्मर युद्ध्य च मयि अर्पित-मनो-बुद्धिः माम् एव एष्यसि अ-संशयम्

8.8 अभ्यासयोगयुक्तेन चेतसा नान्यगामिना ।
परमं पुरुषं दिव्यं याति पार्थानुचिन्तयन् ।।

अभ्यास-योग-युक्तेन चेतसा नान्यगामिना परमम् पुरुषम् दिव्यम् याति पार्थ अनुचिन्तयन्

8.9 कविं पुराणमनुशासितारम् अणोरणीयांसमनुस्मरेद्यः ।
सर्वस्य धातारमचिन्त्यरूपम् आदित्यवर्णं तमसः परस्तात् ।।

कविम् पुराणम् अनुशासितारम् अणोः अणीयांसम् अनुस्मरेत् यः
सर्वस्य धातारम् अचिन्त्य-रूपम् आदित्य-वर्णम् तमसः परस्तात्

8.10 प्रयाणकाले मनसाऽचलेन भक्त्या युक्तो योगबलेन चैव ।
भ्रुवोर्मध्ये प्राणमावेश्य सम्यक् स तं परं पुरुषमुपैति दिव्यम् ।।

प्रयाण-काले मनसा अ-चलेन भक्त्या युक्तः योग-बलेन च एव
भ्रुवोः मध्ये प्राणम् आवेश्य सम्यक् सः तम् परम् पुरुषम् उपैति दिव्यम्

8.11 यदक्षरं वेदविदो वदन्ति विशन्ति यद्यतयो वीतरागाः ।
यदिच्छन्तो ब्रह्मचर्यं चरन्ति तत्ते पदं सङ्ग्रहेण प्रवक्ष्ये ।।

यत् अ-क्षरम् वेद-विदः वदन्ति विशन्ति यत् यतयः वीत-रागाः
यत् इच्छन्तः ब्रह्मचर्यम् चरन्ति तत् ते पदम् सङ्ग्रहेण प्रवक्ष्ये

8.12 सर्वद्वाराणि संयम्य मनो हृदि निरुध्य च ।
मूर्ध्न्याधायात्मनः प्राणम् आस्थितो योगधारणाम् ।।

सर्व-द्वाराणि संयम्य मनः हृदि निरुध्य च मूर्ध्नि आधाय आत्मनः प्राणम् आस्थितः योग-धारणाम्

8.13 ओमित्येकाक्षरं ब्रह्म व्याहरन्मामनुस्मरन् ।

CHAPTER 8

यः प्रयाति त्यजन्देहं स याति परमां गतिम् ॥

ॐ इति एकाक्षरम् ब्रह्म व्याहरन् माम् अनुस्मरन् यः प्रयाति त्यजन् देहम् सः याति परमाम् गतिम्

8.14 अनन्यचेताः सततं यो मां स्मरति नित्यशः ।
तस्याहं सुलभः पार्थ नित्ययुक्तस्य योगिनः ॥

अनन्य-चेताः सततम् यः माम् स्मरति नित्यशः तस्य अहम् सुलभः पार्थ नित्य-युक्तस्य योगिनः

8.15 मामुपेत्य पुनर्जन्म दुःखालयमशाश्वतम् ।
नाप्नुवन्ति महात्मानः संसिद्धिं परमां गताः ॥

माम् उपेत्य पुनर्जन्म दुःखालयम् अशाश्वतम् न आप्नुवन्ति महात्मानः संसिद्धिम् परमाम् गताः

8.16 आब्रह्मभुवनाल्लोकाः पुनरावर्तिनोऽर्जुन ।
मामुपेत्य तु कौन्तेय पुनर्जन्म न विद्यते ॥

आब्रह्म-भुवनात् लोकाः पुनरावर्तिनः अर्जुन माम् उपेत्य तु कौन्तेय पुनर्जन्म न विद्यते

8.17 सहस्रयुगपर्यन्तम् अहर्यद्ब्रह्मणो विदुः ।
रात्रिं युगसहस्रान्तां तेऽहोरात्रविदो जनाः ॥

सहस्र-युग-पर्यन्तम् अहः यत् ब्रह्मणः विदुः रात्रिम् युग-सहस्रान्ताम् ते अहो-रात्र-विदः जनाः

8.18 अव्यक्ताद्व्यक्तयः सर्वाः प्रभवन्त्यहरागमे ।
रात्र्यागमे प्रलीयन्ते तत्रैवाव्यक्तसंज्ञके ॥

अ-व्यक्तात् व्यक्तयः सर्वाः प्रभवन्ति अहरागमे रात्र्यागमे प्रलीयन्ते तत्र एव अ-व्यक्त-संज्ञके

8.19 भूतग्रामः स एवायं भूत्वा भूत्वा प्रलीयते ।
रात्र्यागमेऽवशः पार्थ प्रभवत्यहरागमे ॥

भूत-ग्रामः सः एव अयम् भूत्वा भूत्वा प्रलीयते रात्र्यागमे अवशः पार्थ प्रभवति अहरागमे

8.20 परस्तस्मात्तु भावोऽन्योऽ व्यक्तोऽव्यक्तात्सनातनः ।
यः स सर्वेषु भूतेषु नश्यत्सु न विनश्यति ॥

परः तस्मात् तु भावः अन्यः अ-व्यक्तः अ-व्यक्तात् सनातनः यः सः सर्वेषु भूतेषु नश्यत्सु न विनश्यति

CHAPTER 8

8.21 अव्यक्तोऽक्षर इत्युक्त: तमाहु: परमां गतिम् ।
यं प्राप्य न निवर्तन्ते तद्धाम परमं मम ॥

अ-व्यक्त: अ-क्षर: इति: उक्त: तम् आहु: परमाम् गतिम् यम् प्राप्य न निवर्तन्ते तत् धाम परमम् मम

8.22 पुरुष: स पर: पार्थ भक्त्या लभ्यस्त्वनन्यया ।
यस्यान्त:स्थानि भूतानि येन सर्वमिदं ततम् ॥

अ-व्यक्त: अ-क्षर: इति: उक्त: तम् आहु: परमाम् गतिम् यम् प्राप्य न निवर्तन्ते तत् धाम परमम् मम

8.23 यत्र काले त्वनावृत्तिम् आवृत्तिं चैव योगिन: ।
प्रयाता यान्ति तं कालं वक्ष्यामि भरतर्षभ ॥

यत्र काले तु अनावृत्तिम् आवृत्तिम् च एव योगिन: प्रयाता: यान्ति तम् कालम् वक्ष्यामि भरतर्षभ

8.24 अग्निर्ज्योतिरह: शुक्ल: षण्मासा उत्तरायणम् ।
तत्र प्रयाता गच्छन्ति ब्रह्म ब्रह्मविदो जना: ॥

अग्नि: ज्योति: अह: शुक्ल: षण्मासा: उत्तरायणम् तत्र प्रयाता: गच्छन्ति ब्रह्म ब्रह्म-विद: जना:

8.25 धूमो रात्रिस्तथा कृष्ण: षण्मासा दक्षिणायनम् ।
तत्र चान्द्रमसं ज्योति: योगी प्राप्य निवर्तते ॥

धूम: रात्रि: तथा कृष्ण: षण्मासा: दक्षिणायनम् तत्र चान्द्रमसम् ज्योति: योगी प्राप्य निवर्तते

8.26 शुक्लकृष्णे गती ह्येते जगत: शाश्वते मते ।
एकया यात्यनावृत्तिम् अन्ययावर्तते पुन: ॥

शुक्ल-कृष्णे गती हि एते जगत: शाश्वते मते एकया याति अनावृत्तिम् अन्यया आवर्तते पुन:

8.27 नैते सृती पार्थ जानन् योगी मुह्यति कश्चन ।
तस्मात्सर्वेषु कालेषु योगयुक्तो भवार्जुन ॥

न एते सृती पार्थ जानन् योगी मुह्यति कश्चन तस्मात् सर्वेषु कालेषु योग-युक्त: भव अर्जुन

8.28 वेदेषु यज्ञेषु तप:सु चैव दानेषु यत्पुण्यफलं प्रदिष्टम् ।
अत्येति तत्सर्वमिदं विदित्वा योगी परं स्थानमुपैति चाद्यम् ॥

वेदेषु यज्ञेषु तपःसु च एव दानेषु यत् पुण्य-फलम् प्रदिष्टम्
अत्येति तत् सर्वम् इदम् विदित्वा योगी परम् स्थानम् उपैति च आद्यम्

इति श्रीमद्भगवद्गीतासूपनिषत्सु ब्रह्मविद्यायां योगशास्त्रे
श्रीकृष्णार्जुनसंवादे अक्षरब्रह्मयोगो नाम अष्टमोऽध्यायः ।।

इति श्रीमद्-भगवद्-गीतासु उपनिषत्सु ब्रह्म-विद्यायां योग-शास्त्रे श्रीकृष्ण-अर्जुन-संवादे अक्षरब्रह्मयोगः नाम अष्टमः अध्यायः ।

CHAPTER 9
नवमोऽध्यायः
राजविद्याराजगुह्ययोगः
YOGA OF THE MOST MYSTERIOUS KNOWLEDGE

श्रीभगवानुवाच

9.1 इदं तु ते गुह्यतमं प्रवक्ष्याम्यनसूयवे ।
ज्ञानं विज्ञानसहितं यज्ज्ञात्वा मोक्ष्यसेऽशुभात् ।।
इदम् तु ते गुह्यतमम् प्रवक्ष्यामि अनसूयवे ज्ञानम् विज्ञान-सहितम् यत् ज्ञात्वा मोक्ष्यसे अशुभात्

9.2 राजविद्या राजगुह्यं पवित्रमिदमुत्तमम् ।
प्रत्यक्षावगमं धर्म्यं सुसुखं कर्तुमव्ययम् ।।
राज-विद्या राज-गुह्यम् पवित्रम् इदम् उत्तमम् प्रत्यक्षावगमम् धर्म्यम् सु-सुखम् कर्तुम् अ-व्ययम्

9.3 अश्रद्दधानाः पुरुषा धर्मस्यास्य परन्तप ।
अप्राप्य मां निवर्तन्ते मृत्युसंसारवर्त्मनि ।।
अश्रद्दधानाः पुरुषाः धर्मस्य अस्य परन्तप अप्राप्य माम् निवर्तन्ते मृत्यु-संसार-वर्त्मनि

9.4 मया ततमिदं सर्वं जगदव्यक्तमूर्तिना ।
मत्स्थानि सर्वभूतानि न चाहं तेष्ववस्थितः ।।

मया ततम् इदम् सर्वम् जगत् अ-व्यक्त-मूर्तिना मत्स्थानि सर्व-भूतानि न च अहम् तेषु अवस्थित:

9.5 न च मत्स्थानि भूतानि पश्य मे योगमैश्वरम् ।
भूतभृन्न च भूतस्थो ममात्मा भूतभावनः ।।

न च मत्स्थानि भूतानि पश्य मे योगम् ऐश्वरम् भूतभृत् न च भूतस्थ: मम आत्मा भूत-भावन:

9.6 यथाकाशस्थितो नित्यं वायुः सर्वत्रगो महान् ।
तथा सर्वाणि भूतानि मत्स्थानीत्युपधारय ।।

यथा आकाश-स्थित: नित्यम् वायु: सर्वत्र-ग: महान् तथा सर्वाणि भूतानि मत्स्थानि इति: उपधारय

9.7 सर्वभूतानि कौन्तेय प्रकृतिं यान्ति मामिकाम् ।
कल्पक्षये पुनस्तानि कल्पादौ विसृजाम्यहम् ।।

सर्व-भूतानि कौन्तेय प्रकृतिम् यान्ति मामिकाम् कल्प-क्षये पुन: तानि कल्पादौ विसृजामि अहम्

9.8 प्रकृतिं स्वामवष्टभ्य विसृजामि पुनः पुनः ।
भूतग्राममिमं कृत्स्नम् अवशं प्रकृतेर्वशात् ।।

प्रकृतिं स्वाम् अवष्टभ्य विसृजामि पुन: पुन: । भूत-ग्राममिमं कृत्स्नमवशं प्रकृतेर्वशात्

9.9 न च मां तानि कर्माणि निबध्नन्ति धनञ्जय ।
उदासीनवदासीनम् असक्तं तेषु कर्मसु ।।

न च माम् तानि कर्माणि निबध्नन्ति धनञ्जय: उदासीनवत् आसीनम् असक्तम् तेषु कर्मसु

9.10 मयाध्यक्षेण प्रकृतिः सूयते सचराचरम् ।
हेतुनानेन कौन्तेय जगद्विपरिवर्तते ।।

मया अध्यक्षेण प्रकृति: सूयते स-चराचरम् हेतुना अनेन कौन्तेय जगत् वि-परिवर्तते

9.11 अवजानन्ति मां मूढा मानुषीं तनुमाश्रितम् ।
परं भावमजानन्तो मम भूतमहेश्वरम् ।।

अवजानन्ति माम् मूढा: मानुषीम् तनुम् आश्रितम् परम् भावम् अ-जानन्त: मम भूत-महेश्वरम्

9.12 मोघाशा मोघकर्माणो मोघज्ञाना विचेतसः ।
राक्षसीमासुरीं चैव प्रकृतिं मोहिनीं श्रिताः ॥
मोघाशाः मोघ-कर्माणः मोघ-ज्ञानाः वि-चेतसः राक्षसीम् आसुरीम् च एव प्रकृतिम् मोहिनीम् श्रिताः

9.13 महात्मानस्तु मां पार्थ दैवीं प्रकृतिमाश्रिताः ।
भजन्त्यनन्यमनसो ज्ञात्वा भूतादिमव्ययम् ॥
महात्मानः तु माम् पार्थ दैवीम् प्रकृतिम् आश्रिताः भजन्ति अनन्य-मनसः ज्ञात्वा भूतादिम् अ-व्ययम्

9.14 सततं कीर्तयन्तो मां यतन्तश्च दृढव्रताः ।
नमस्यन्तश्च मां भक्त्या नित्ययुक्ता उपासते ॥
सततम् कीर्तयन्तः माम् यतन्तः च दृढव्रताः नमस्यन्तः च माम् भक्त्या नित्य-युक्ताः उपासते

9.15 ज्ञानयज्ञेन चाप्यन्ये यजन्तो मामुपासते ।
एकत्वेन पृथक्त्वेन बहुधा विश्वतोमुखम् ॥
ज्ञान-यज्ञेन च अपि अन्ये यजन्तः माम् उपासते एकत्वेन पृथक्त्वेन बहु-धा विश्वतोमुखम्

9.16 अहं क्रतुरहं यज्ञः स्वधाहमहमौषधम् ।
मन्त्रोऽहमहमेवाज्यम् अहमग्निरहं हुतम् ॥
अहम् क्रतुः अहम् यज्ञः स्वधा अहम् अहम् औषधम्
मन्त्रः अहम् अहम् एव आज्यम् अहम् अग्निः अहम् हुतम्

9.17 पिताहमस्य जगतो माता धाता पितामहः ।
वेद्यं पवित्रमोङ्कार ऋक्साम यजुरेव च ॥
पिता अहम् अस्य जगतः माता धाता पितामहः वेद्यम् पवित्रम् ओङ्कारः ऋक् साम यजुः एव च

9.18 गतिर्भर्ता प्रभुः साक्षी निवासः शरणं सुहृत् ।
प्रभवः प्रलयः स्थानं निधानं बीजमव्ययम् ॥
गतिः भर्ता प्रभुः साक्षी निवासः शरणम् सुहृत् प्रभवः प्रलयः स्थानम् निधानम् बीजम् अव्ययम्

9.19 तपाम्यहमहं वर्षं निगृह्णाम्युत्सृजामि च ।

CHAPTER 9

अमृतं चैव मृत्युश्च सदसच्चाहमर्जुन ॥

तपामि अहम् अहम् वर्षम् निगृह्णामि: उत्सृजामि च अमृतम् च एव मृत्यु: च सत् असत् च अहम् अर्जुन

9.20 त्रैविद्या मां सोमपाः पूतपापा यज्ञैरिष्ट्वा स्वर्गतिं प्रार्थयन्ते ।
ते पुण्यमासाद्य सुरेन्द्रलोकम् अश्नन्ति दिव्यान्दिवि देवभोगान् ॥

त्रै-विद्या: माम् सोमपा: पूत-पापा: यज्ञै: इष्ट्वा स्वर्गतिम् प्रार्थयन्ते
ते पुण्यम् आसाद्य सुरेन्द्र-लोकम् अश्नन्ति दिव्यान् दिवि देव-भोगान्

9.21 ते तं भुक्त्वा स्वर्गलोकं विशालं क्षीणे पुण्ये मर्त्यलोकं विशन्ति ।
एवं त्रयीधर्ममनुप्रपन्नाः गतागतं कामकामा लभन्ते ॥

ते तम् भुक्त्वा स्वर्ग-लोकम् विशालम् क्षीणे पुण्ये मर्त्य-लोकम् विशन्ति
एवम् त्रयी-धर्मम् अनुप्रपन्ना: गतागतम् काम-कामा: लभन्ते

9.22 अनन्याश्चिन्तयन्तो मां ये जनाः पर्युपासते ।
तेषां नित्याभियुक्तानां योगक्षेमं वहाम्यहम् ॥

अनन्या: चिन्तयन्त: माम् ये जना: पर्युपासते तेषाम् नित्याभियुक्तानाम् योग-क्षेमम् वहामि अहम्

9.23 येऽप्यन्यदेवताभक्ता यजन्ते श्रद्धयान्विताः ।
तेऽपि मामेव कौन्तेय यजन्त्यविधिपूर्वकम् ॥

ये अपि अन्य-देवता: भक्ता: यजन्ते श्रद्धया अन्विता: ते अपि माम् एव कौन्तेय यजन्ति अ-विधि-पूर्वकम्

9.24 अहं हि सर्वयज्ञानां भोक्ता च प्रभुरेव च ।
न तु मामभिजानन्ति तत्त्वेनातश्च्यवन्ति ते ॥

अहम् हि सर्व-यज्ञानाम् भोक्ता च प्रभु: एव च न तु माम् अभिजानन्ति तत्त्वेन अत: च्यवन्ति ते

9.25 यान्ति देवव्रता देवान् पितॄन्यान्ति पितृव्रताः ।
भूतानि यान्ति भूतेज्या यान्ति मद्याजिनोऽपि माम् ॥

यान्ति देव-व्रता: देवान् पितॄन् यान्ति पितृव्रता: भूतानि यान्ति भूतेज्या: यान्ति मद्याजिन: अपि माम्

9.26 पत्रं पुष्पं फलं तोयं यो मे भक्त्या प्रयच्छति ।
तदहं भक्त्युपहृतम् अश्नामि प्रयतात्मनः ॥

CHAPTER 9

पत्रम् पुष्पम् फलम् तोयम् यः मे भक्त्या प्रयच्छति तत् अहम् भक्त्युपहृतम् अश्नामि प्रयतात्मनः

9.27 यत्करोषि यदश्नासि यज्जुहोषि ददासि यत् ।
यत्तपस्यसि कौन्तेय तत्कुरुष्व मदर्पणम् ।।

यत् करोषि यत् अश्नासि यत् जुहोषि ददासि यत् यत् तपस्यसि कौन्तेय तत् कुरुष्व मदर्पणम्

9.28 शुभाशुभफलैरेवं मोक्ष्यसे कर्मबन्धनैः ।
संन्यासयोगयुक्तात्मा विमुक्तो मामुपैष्यसि ।।

शुभाशुभ-फलैः एवम् मोक्ष्यसे कर्म-बन्धनैः संन्यास-योग-युक्तात्मा विमुक्तः माम् उपैष्यसि

9.29 समोऽहं सर्वभूतेषु न मे द्वेष्योऽस्ति न प्रियः ।
ये भजन्ति तु मां भक्त्या मयि ते तेषु चाप्यहम् ।।

समः अहम् सर्व-भूतेषु न मे द्वेष्यः अस्ति न प्रियः ये भजन्ति तु माम् भक्त्या मयि ते तेषु च अपि अहम्

9.30 अपि चेत्सुदुराचारो भजते मामनन्यभाक् ।
साधुरेव स मन्तव्यः सम्यग्व्यवसितो हि सः ।।

अपि चेत् सुदुराचारः भजते माम् अनन्य-भाक् साधुः एव सः मन्तव्यः सम्यक् व्यवसितः हि सः

9.31 क्षिप्रं भवति धर्मात्मा शश्वच्छान्तिं निगच्छति ।
कौन्तेय प्रतिजानीहि न मे भक्तः प्रणश्यति ।।

क्षिप्रम् भवति धर्मात्मा शश्वत् शान्तिम् निगच्छति कौन्तेय प्रतिजानीहि न मे भक्तः प्रणश्यति

9.32 मां हि पार्थ व्यपाश्रित्य येऽपि स्युः पापयोनयः ।
स्त्रियो वैश्यास्तथा शूद्राः तेऽपि यान्ति परां गतिम् ।।

माम् हि पार्थ व्यपाश्रित्य ये अपि स्युः पाप-योनयः स्त्रियः वैश्याः तथा शूद्राः ते अपि यान्ति पराम् गतिम्

9.33 किं पुनर्ब्राह्मणाः पुण्या भक्ता राजर्षयस्तथा ।
अनित्यमसुखं लोकम् इमं प्राप्य भजस्व माम् ।।

किम् पुनर्ब्राह्मणाः पुण्याः भक्ताः राजर्षयः तथा अ-नित्यम् अ-सुखम् लोकम् इमम् प्राप्य भजस्व माम्

9.34 मन्मना भव मद्भक्तो मद्याजी मां नमस्कुरु ।

मामेवैष्यसि युक्त्वैवम्　　　　आत्मानं मत्परायणः ।।

मन्मनाः भव मद्भक्तः मद्याजी माम् नमस्कुरु माम् एव एष्यसि युक्त्वा एवम् आत्मानम् मत्परायणः

इति श्रीमद्भगवद्गीतासूपनिषत्सु ब्रह्मविद्यायां योगशास्त्रे
श्रीकृष्णार्जुनसंवादे राजविद्याराजगुह्ययोगो नाम नवमोऽध्यायः ।।

इति श्रीमद्-भगवद्-गीतासु उपनिषत्सु ब्रह्म-विद्यायां योग-शास्त्रे श्रीकृष्ण-अर्जुन-संवादे राजविद्याराजगुह्ययोगः नाम नवमः अध्यायः ।

CHAPTER 10
दशमोऽध्यायः

विभूतियोगः

THE YOGA OF DIVINE PERSONOFICATION

श्रीभगवानुवाच

10.1 भूय एव महाबाहो　　　　शृणु मे परमं वचः ।
यत्तेऽहं प्रीयमाणाय　　　　वक्ष्यामि हितकाम्यया ।।

भूयः एव महाबाहो शृणु मे परमम् वचः यत् ते अहम् प्रीयमाणाय वक्ष्यामि हित-काम्यया

10.2 न मे विदुः सुरगणाः　　　　प्रभवं न महर्षयः ।
अहमादिर्हि देवानां　　　　महर्षीणां च सर्वशः ।।

न मे विदुः सुर-गणाः प्रभवम् न महर्षयः अहम् आदिः हि देवानाम् महर्षीणाम् च सर्वशः

10.3 यो मामजमनादिं च　　　　वेत्ति लोकमहेश्वरम् ।
असम्मूढः स मर्त्येषु　　　　सर्वपापैः प्रमुच्यते ।।

यः माम् अजम् अनादिम् च वेत्ति लोक-महेश्वरम् अ-सम्मूढः सः मर्त्येषु सर्व-पापैः प्र-मुच्यते

10.4 बुद्धिर्ज्ञानमसम्मोहः　　　　क्षमा सत्यं दमः शमः ।
सुखं दुःखं भवोऽभावो　　　　भयं चाभयमेव च ।।

CHAPTER 10

बुद्धि: ज्ञानम् अ-सम्मोह: क्षमा सत्यम् दम: शम: सुखम् दु:खम् भव: अ-भाव: भयम् च अ-भयम् एव च

10.5 अहिंसा समता तुष्टिः तपो दानं यशोऽयशः ।
भवन्ति भावा भूतानां मत्त एव पृथग्विधाः ॥

अ-हिंसा समता तुष्टि: तप: दानम् यश: अ-यश: भवन्ति भावा: भूतानाम् मत्त: एव पृथग्विधा:

10.6 महर्षयः सप्त पूर्वे चत्वारो मनवस्तथा ।
मद्भावा मानसा जाता येषां लोक इमाः प्रजाः ॥

महर्षय: सप्त पूर्वे चत्वार: मनव: तथा मद्भावा: मानसा: जाता: येषाम् लोके इमा: प्रजा:

10.7 एतां विभूतिं योगं च मम यो वेत्ति तत्त्वतः ।
सोऽविकम्पेन योगेन युज्यते नात्र संशयः ॥

एताम् विभूतिम् योगम् च मम य: वेत्ति तत्त्वत: स: अ-विकम्पेन योगेन युज्यते न अत्र संशय:

10.8 अहं सर्वस्य प्रभवो मत्तः सर्वं प्रवर्तते ।
इति मत्वा भजन्ते मां बुधा भावसमन्विताः ॥

अहम् सर्वस्य प्रभव: मत्त: सर्वम् प्रवर्तते इति मत्वा भजन्ते माम् बुधा: भाव-समन्विता:

10.9 मच्चित्ता मद्गतप्राणा बोधयन्तः परस्परम् ।
कथयन्तश्च मां नित्यं तुष्यन्ति च रमन्ति च ॥

मच्चित्ता: मद्गत-प्राणा: बोधयन्त: परस्परम् कथयन्त: च माम् नित्यम् तुष्यन्ति च रमन्ति च

10.10 तेषां सततयुक्तानां भजतां प्रीतिपूर्वकम् ।
ददामि बुद्धियोगं तं येन मामुपयान्ति ते ॥

तेषाम् सतत-युक्तानाम् भजताम् प्रीति-पूर्वकम् ददामि बुद्धि-योगम् तम् येन माम् उपयान्ति ते

10.11 तेषामेवानुकम्पार्थम् अहमज्ञानजं तमः ।
नाशयाम्यात्मभावस्थो ज्ञानदीपेन भास्वता ॥

तेषाम् एव अनुकम्पार्थम् अहम् अ-ज्ञानजम् तम: नाशयामि आत्म-भावस्थ: ज्ञान-दीपेन भास्वता

अर्जुन उवाच

CHAPTER 10

10.12 परं ब्रह्म परं धाम पवित्रं परमं भवान् ।
पुरुषं शाश्वतं दिव्यम् आदिदेवमजं विभुम् ॥

परम् ब्रह्म परम् धाम पवित्रम् परमम् भवान् पुरुषम् शाश्वतम् दिव्यम् आदि-देवम् अ-जम् विभुम्

10.13 आहुस्त्वामृषयः सर्वे देवर्षिर्नारदस्तथा ।
असितो देवलो व्यासः स्वयं चैव ब्रवीषि मे ॥

आहु: त्वाम् ऋषय: सर्वे देवर्षि: नारद: तथा असित: देवल: व्यास: स्वयम् च एव ब्रवीषि मे

10.14 सर्वमेतदृतं मन्ये यन्मां वदसि केशव ।
न हि ते भगवन्व्यक्तिं विदुर्देवा न दानवाः ॥

सर्वम् एतत् ऋतम् मन्ये यत् माम् वदसि केशव न हि ते भगवन् व्यक्तिम् विदु: देवा: न दानवा:

10.15 स्वयमेवात्मनात्मानं वेत्थ त्वं पुरुषोत्तम ।
भूतभावन भूतेश देवदेव जगत्पते ॥

स्वयम् एव आत्मना आत्मानम् वेत्थ त्वम् पुरुषोत्तम भूत-भावन भूतेश देव-देव जगत्पते

10.16 वक्तुमर्हस्यशेषेण दिव्या ह्यात्मविभूतयः ।
याभिर्विभूतिभिर्लोकान् इमांस्त्वं व्याप्य तिष्ठसि ॥

वक्तुम् अर्हसि अ-शेषेण दिव्या: हि आत्म-विभूतय: याभि: विभूतिभि: लोकान् इमान् त्वम् व्याप्य तिष्ठसि

10.17 कथं विद्यामहं योगिं स्त्वां सदा परिचिन्तयन् ।
केषु केषु च भावेषु चिन्त्योऽसि भगवन्मया ॥

कथम् विद्याम् अहम् योगिन् त्वाम् सदा परिचिन्तयन् । केषु केषु च भावेषु चिन्त्य: असि भगवन् मया

10.18 विस्तरेणात्मनो योगं विभूतिं च जनार्दन ।
भूयः कथय तृप्तिर्हि शृण्वतो नास्ति मेऽमृतम् ॥

विस्तरेण आत्मन: योगम् विभूतिम् च जनार्दन भूय: कथय तृप्ति: हि शृण्वत: न अस्ति मे अमृतम्

श्रीभगवानुवाच

10.19 हन्त ते कथयिष्यामि दिव्या ह्यात्मविभूतयः ।

प्राधान्यतः कुरुश्रेष्ठ नास्त्यन्तो विस्तरस्य मे ॥

हन्त ते कथयिष्यामि दिव्याः हि आत्म-विभूतयः प्राधान्यतः कुरु-श्रेष्ठ न अस्ति अन्तः विस्तरस्य मे

10.20 अहमात्मा गुडाकेश सर्वभूताशयस्थितः ।
अहमादिश्च मध्यं च भूतानामन्त एव च ॥

अहम् आत्मा गुडाकेश सर्व-भूताशय-स्थितः अहम् आदिः च मध्यम् च भूतानाम् अन्तः एव च

10.21 आदित्यानामहं विष्णुः ज्योतिषां रविरंशुमान् ।
मरीचिर्मरुतामस्मि नक्षत्राणामहं शशी ॥

आदित्यानाम् अहम् विष्णुः ज्योतिषाम् रविः अंशुमान् मरीचिः मरुताम् अस्मि नक्षत्राणाम् अहम् शशी

10.22 वेदानां सामवेदोऽस्मि देवानामस्मि वासवः ।
इन्द्रियाणां मनश्चास्मि भूतानामस्मि चेतना ॥

वेदानाम् साम-वेदः अस्मि देवानाम् अस्मि वासवः इन्द्रियाणाम् मनः च अस्मि भूतानाम् अस्मि चेतना

10.23 रुद्राणां शङ्करश्चास्मि वित्तेशो यक्षरक्षसाम् ।
वसूनां पावकश्चास्मि मेरुः शिखरिणामहम् ॥

रुद्राणाम् शङ्करः च अस्मि वित्तेशः यक्ष-रक्षसाम् वसूनाम् पावकः च अस्मि मेरुः शिखरिणाम् अहम्

10.24 पुरोधसां च मुख्यं मां विद्धि पार्थ बृहस्पतिम् ।
सेनानीनामहं स्कन्दः सरसामस्मि सागरः ॥

पुरोधसाम् च मुख्यम् माम् विद्धि पार्थ बृहस्पतिम् सेनानीनाम् अहम् स्कन्दः सरसाम् अस्मि सागरः

10.25 महर्षीणां भृगुरहं गिरामस्म्येकमक्षरम् ।
यज्ञानां जपयज्ञोऽस्मि स्थावराणां हिमालयः ॥

महर्षीणाम् भृगुः अहम् गिराम् अस्मि एकम् अ-क्षरम् यज्ञानाम् जप-यज्ञः अस्मि स्थावराणाम् हिमालयः

10.26 अश्वत्थः सर्ववृक्षाणां देवर्षीणां च नारदः ।
गन्धर्वाणां चित्ररथः सिद्धानां कपिलो मुनिः ॥

अश्वत्थः सर्व-वृक्षाणाम् देवर्षीणाम् च नारदः गन्धर्वाणाम् चित्ररथः सिद्धानाम् कपिलः मुनिः

10.27 उच्चैःश्रवसमश्वानां विद्धि माममृतोद्भवम् ।
ऐरावतं गजेन्द्राणां नराणां च नराधिपम् ।।
उच्चैःश्रवसम् अश्वानाम् विद्धि माम् अमृतोद्भवम् ऐरावतम् गजेन्द्राणाम् नराणाम् च नराधिपम्

10.28 आयुधानामहं वज्रं धेनूनामस्मि कामधुक् ।
प्रजनश्चास्मि कन्दर्पः सर्पाणामस्मि वासुकिः ।।
आयुधानाम् अहम् वज्रम् धेनूनाम् अस्मि कामधुक् प्रजनः च अस्मि कन्दर्पः सर्पाणाम् अस्मि वासुकिः

10.29 अनन्तश्चास्मि नागानां वरुणो यादसामहम् ।
पितॄणामर्यमा चास्मि यमः संयमतामहम् ।।
अनन्तः च अस्मि नागानाम् वरुणः यादसाम् अहम् पितॄणाम् अर्यमा च अस्मि यमः संयमताम् अहम्

10.30 प्रह्लादश्चास्मि दैत्यानां कालः कलयतामहम् ।
मृगाणां च मृगेन्द्रोऽहं वैनतेयश्च पक्षिणाम् ।।
प्रह्लादः च अस्मि दैत्यानाम् कालः कलयताम् अहम् मृगाणाम् च मृगेन्द्रः अहम् वैनतेयः च पक्षिणाम्

10.31 पवनः पवतामस्मि रामः शस्त्रभृतामहम् ।
झषाणां मकरश्चास्मि स्रोतसामस्मि जाह्नवी ।।
पवनः पवताम् अस्मि रामः शस्त्र-भृताम् अहम् झषाणाम् मकरः च अस्मि स्रोतसाम् अस्मि जाह्नवी

10.32 सर्गाणामादिरन्तश्च मध्यं चैवाहमर्जुन ।
अध्यात्मविद्या विद्यानां वादः प्रवदतामहम् ।।
सर्गाणाम् आदिः अन्तः च मध्यम् च एव अहम् अर्जुन अध्यात्म-विद्या विद्यानाम् वादः प्रवदताम् अहम्

10.33 अक्षराणामकारोऽस्मि द्वन्द्वः सामासिकस्य च ।
अहमेवाक्षयः कालो धाताहं विश्वतोमुखः ।।
अ-क्षराणाम् अकारः अस्मि द्वन्द्वः सामासिकस्य च अहम् एव अक्षयः कालः धाता अहम् विश्वतोमुखः

10.34 मृत्युः सर्वहरश्चाहम् उद्भवश्च भविष्यताम् ।
कीर्तिः श्रीर्वाक्च नारीणां स्मृतिर्मेधा धृतिः क्षमा ।।

CHAPTER 10

मृत्युः सर्व-हरः च अहम् उद्भवः च भविष्यताम् कीर्तिः श्रीः वाक् च नारीणाम् स्मृतिः मेधा धृतिः क्षमा

10.35 बृहत्साम तथा साम्नां गायत्री छन्दसामहम् ।
मासानां मार्गशीर्षोऽहम् ऋतूनां कुसुमाकरः ॥

बृहत्साम तथा साम्नाम् गायत्री छन्दसाम् अहम् मासानाम् मार्गशीर्षः अहम् ऋतूनाम् कुसुमाकरः

10.36 द्यूतं छलयतामस्मि तेजस्तेजस्विनामहम् ।
जयोऽस्मि व्यवसायोऽस्मि सत्त्वं सत्त्ववतामहम् ॥

द्यूतम् छलयताम् अस्मि तेजः तेजस्विनाम् अहम् जयः अस्मि व्यवसायः अस्मि सत्त्वम् सत्त्ववताम् अहम्

10.37 वृष्णीनां वासुदेवोऽस्मि पाण्डवानां धनञ्जयः ।
मुनीनामप्यहं व्यासः कवीनामुशना कविः ॥

वृष्णीनाम् वासुदेवः अस्मि पाण्डवानाम् धनञ्जयः मुनीनाम् अपि अहम् व्यासः कवीनाम् उशना कविः

10.38 **दण्डो दमयतामस्मि नीतिरस्मि जिगीषताम् ।**
मौनं चैवास्मि गुह्यानां ज्ञानं ज्ञानवतामहम् ॥

दण्डः दमयताम् अस्मि नीतिः अस्मि जिगीषताम् मौनम् च एव अस्मि गुह्यानाम् ज्ञानम् ज्ञानवताम् अहम्

10.39 यच्चापि सर्वभूतानां बीजं तदहमर्जुन ।
न तदस्ति विना यत्स्यात् मया भूतं चराचरम् ॥

यत् च अपि सर्व-भूतानाम् बीजम् तत् अहम् अर्जुन न तत् अस्ति विना यत् स्यात् मया भूतम् चराचरम्

10.40 नान्तोऽस्ति मम दिव्यानां विभूतीनां परन्तप ।
एष तूद्देशतः प्रोक्तो विभूतेर्विस्तरो मया ॥

न अन्तः अस्ति मम दिव्यानाम् विभूतीनाम् परन्तप एषः तुः उद्देशतः प्रोक्तः विभूतेः विस्तरः मया

10.41 **यद्यद्विभूतिमत्सत्त्वं श्रीमदूर्जितमेव वा ।**
तत्तदेवावगच्छ त्वं मम तेजोंऽशसम्भवम् ॥

यत् यत् विभूतिमत् सत्त्वम् श्रीमत् उर्जितम् एव वा तत् तत् एव अवगच्छ त्वम् मम तेजः अंश-सम्भवम्

10.42 अथवा बहुनैतेन किं ज्ञातेन तवार्जुन ।
विष्टभ्याहमिदं कृत्स्नम् एकांशेन स्थितो जगत् ।।

अथवा बहुना एतेन किम् ज्ञातेन तव अर्जुन विष्टभ्य अहम् इदम् कृत्स्नम् एकांशेन स्थितः जगत्

इति श्रीमद्भगवद्गीतासूपनिषत्सु ब्रह्मविद्यायां योगशास्त्रे
श्रीकृष्णार्जुनसंवादे विभूतियोगो नाम दशमोऽध्यायः ।।

इति श्रीमद्-भगवद्-गीतासु उपनिषत्सु ब्रह्म-विद्यायां योग-शास्त्रे श्रीकृष्ण-अर्जुन-संवादे विभूतियोगः नाम दशमः अध्यायः ।

CHAPTER 11
एकादशोऽध्यायः
विश्वरूपदर्शनयोगः
THE YOGA OF UNIVERSAL MANIFESTATION

अर्जुन उवाच

11.1 मदनुग्रहाय परमं गुह्यमध्यात्मसंज्ञितम् ।
यत्त्वयोक्तं वचस्तेन मोहोऽयं विगतो मम ।।

मदनुग्रहाय परमम् गुह्यम् अध्यात्म-संज्ञितम् यत् त्वया: उक्तम् वचः तेन मोहः अयम् विगतः मम

11.2 भवाप्ययौ हि भूतानां श्रुतौ विस्तरशो मया ।
त्वत्तः कमलपत्राक्ष माहात्म्यमपि चाव्ययम् ।।

भवाप्ययौ हि भूतानाम् श्रुतौ विस्तरशः मया त्वत्तः कमल-पत्राक्ष माहात्म्यम् अपि च अ-व्ययम्

11.3 एवमेतद्यथात्थ त्वम् आत्मानं परमेश्वर परमेश्वर ।
द्रष्टुमिच्छामि ते रूपम् ऐमैश्वरं पुरुषोत्तम ।।

एवम् एतत् यथा आत्थ त्वम् आत्मानम् परमेश्वर द्रष्टुम् इच्छामि ते रूपम् ऐश्वरम् पुरुषोत्तम

11.4 मन्यसे यदि तच्छक्यं मया द्रष्टुमिति प्रभो ।
योगेश्वर ततो मे त्वं दर्शयात्मानमव्ययम् ।।

मन्यसे यदि तत् शक्यम् मया द्रष्टुम् इति प्रभो योगेश्वर ततः मे त्वम् दर्शय आत्मानम् अ-व्ययम्

श्रीभगवानुवाच

11.5 **पश्य मे पार्थ रूपाणि शतशोऽथ सहस्रशः ।**
नानाविधानि दिव्यानि नानावर्णाकृतीनि च ।।

पश्य मे पार्थ रूपाणि शतशः अथ सहस्रशः नाना-विधानि दिव्यानि नाना-वर्णाकृतीनि च

11.6 पश्यादित्यान्वसून्रुद्रान् अश्विनौ मरुतस्तथा ।
बहून्यदृष्टपूर्वाणि पश्याश्चर्याणि भारत ।।

पश्य आदित्यान् वसून् रुद्रान् अश्विनौ मरुतः तथा बहूनि अ-दृष्ट-पूर्वाणि पश्य आश्चर्याणि भारत

11.7 इहैकस्थं जगत्कृत्स्नं पश्याद्य सचराचरम् ।
मम देहे गुडाकेश यच्चान्यद्द्रष्टुमिच्छसि ।।

इह एक-स्थम् जगत् कृत्स्नम् पश्य अद्य स-चराचरम् मम देहे गुडाकेश यत् च अन्यत् द्रष्टुम् इच्छसि

11.8 न तु मां शक्यसे द्रष्टुमों अनेनैव स्वचक्षुषा ।
दिव्यं ददामि ते चक्षुः पश्य मे योगमैश्वरम् ।।

न तु माम् शक्यसे द्रष्टुम् अनेन एव स्व-चक्षुषा दिव्यम् ददामि ते चक्षुः पश्य मे योगम् ऐश्वरम्

सञ्जय उवाच

11.9 एवमुक्त्वा ततो राजन् महायोगेश्वरो हरिः ।
दर्शयामास पार्थाय परमं रूपमैश्वरम् ।।

एवम् उक्त्वा ततः राजन् महायोगेश्वरः हरिः दर्शयामास पार्थाय परमम् रूपम् ऐश्वरम्

11.10 अनेकवक्त्रनयनम् अनेकाद्भुतदर्शनम् ।
अनेकदिव्याभरणं दिव्यानेकोद्यतायुधम् ।।

अनेक-वक्त्र-नयनम् अनेकाद्भुत-दर्शनम् अनेक-दिव्याभरणम् दिव्यानेकोद्यतायुधम्

CHAPTER 11

11.11 दिव्यमाल्याम्बरधरं दिव्यगन्धानुलेपनम् ।
सर्वाश्चर्यमयं देवम् अनन्तं विश्वतोमुखम् ॥

दिव्य-माल्याम्बर-धरम् दिव्य-गन्धानुलेपनम् सर्वाश्चर्यमयम् देवम् अनन्तम्

11.12 दिवि सूर्यसहस्रस्य भवेद्युगपदुत्थिता ।
यदि भाः सदृशी सा स्यात् भासस्तस्य महात्मनः ॥

दिवि सूर्य-सहस्रस्य भवेत् युगपत् उत्थिता यदि भा: सदृशी सा स्यात् भास: तस्य महात्मन:

11.13 तत्रैकस्थं जगत्कृत्स्नं प्रविभक्तमनेकधा ।
अपश्यद्देवदेवस्य शरीरे पाण्डवस्तदा ॥

तत्र एक-स्थम् जगत् कृत्स्नम् प्रविभक्तम् अनेक-धा अपश्यत् देव-देवस्य शरीरे पाण्डव: तदा

11.14 ततः स विस्मयाविष्टो हृष्टरोमा धनञ्जयः ।
प्रणम्य शिरसा देवं कृताञ्जलिरभाषत ॥

तत: स: विस्मयाविष्ट: हृष्ट-रोमा धनञ्जय: प्रणम्य शिरसा देवम् कृताञ्जलि: अभाषत

अर्जुन उवाच

11.15 पश्यामि देवांस्तव देव देहे सर्वांस्तथा भूतविशेषसङ्घान् ।
ब्रह्माणमीशं कमलासनस्थम् ऋषींश्च सर्वानुरगांश्च दिव्यान् ॥

पश्यामि देवान् तव देव देहे सर्वान् तथा भूतविशेष-सङ्घान्
ब्रह्माणम् ईशम् कमलासन-स्थम् ऋषीन् च सर्वान् उरगान् च दिव्यान्

11.16 अनेकबाहूदरवक्त्रनेत्रं पश्यामि त्वां सर्वतोऽनन्तरूपम् ।
नान्तं न मध्यं न पुनस्तवादिं पश्यामि विश्वेश्वर विश्वरूप ॥

अनेक-बाहूदरवक्त्र-नेत्रम् पश्यामि त्वाम् सर्वत: अनन्त-रूपम्
न अन्तम् न मध्यम् न पुन: तव आदिम् पश्यामि विश्वेश्वर विश्व-रूप

11.17 किरीटिनं गदिनं चक्रिणं च तेजोराशिं सर्वतो दीप्तिमन्तम् ।
पश्यामि त्वां दुर्निरीक्ष्यं समन्तात् दीप्तानलार्कद्युतिमप्रमेयम् ॥

CHAPTER 11

किरीटिनम् गदिनम् चक्रिणम् च तेजो-राशिम् सर्वतः दीप्तिमन्तम्
पश्यामि त्वाम् दुर्निरीक्ष्यम् समन्तात् दीप्तानलार्कद्युतिम् अप्रमेयम्

11.18 त्वमक्षरं परमं वेदितव्यं त्वमस्य विश्वस्य परं निधानम् ।
त्वमव्ययः शाश्वतधर्मगोप्ता सनातनस्त्वं पुरुषो मतो मे ॥

त्वमक्षरम् परमम् वेदितव्यम् त्वमस्य विश्वस्य परम् निधानम्
त्वमव्ययः शाश्वत-धर्म-गोप्ता सनातनः त्वम् पुरुषः मतः मे

11.19 अनादिमध्यान्तमनन्तवीर्यम् अनन्तबाहुं शशिसूर्यनेत्रम् ।
पश्यामि त्वां दीप्तहुताशवक्त्रं स्वतेजसा विश्वमिदं तपन्तम् ॥

अनादि-मध्यान्तम् अनन्त-वीर्यम् अनन्त-बाहुम् शशि-सूर्य-नेत्रम्
पश्यामि त्वाम् दीप्त-हुताश-वक्त्रम् स्व-तेजसा विश्वम् इदम् तपन्तम्

11.20 द्यावापृथिव्योरिदमन्तरं हि व्याप्तं त्वयैकेन दिशश्च सर्वाः ।
दृष्ट्वाऽद्भुतं रूपमुग्रं तवेदं लोकत्रयं प्रव्यथितं महात्मन् ॥

द्यावा-पृथिव्योः इदम् अन्तरम् हि व्याप्तम् त्वया एकेन दिशः च सर्वाः
दृष्ट्वा अद्भुतम् रूपम् उग्रम् तव इदम् लोक-त्रयम् प्र-व्यथितम् महात्मन्

11.21 अमी हि त्वां सुरसङ्घा विशन्ति केचिद्भीताः प्राञ्जलयो गृणन्ति ।
स्वस्तीत्युक्त्वा महर्षिसिद्धसङ्घा स्तुवन्ति त्वा स्तुतिभिः पुष्कलाभिः ॥

अमी हि त्वाम् सुर-सङ्घाः विशन्ति केचित् भीताः प्राञ्जलयः गृणन्ति
स्वस्ति इतिः उक्त्वा महर्षि-सिद्ध-सङ्घाः स्तुवन्ति त्वाम् स्तुतिभिः पुष्कलाभिः

11.22 रुद्रादित्या वसवो ये च साध्या विश्वेऽश्विनौ मरुतश्चोष्मपाश्च ।
गन्धर्वयक्षासुरसिद्धसङ्घा वीक्षन्ते त्वां विस्मिताश्चैव सर्वे ॥

रुद्रादित्याः वसवः ये च साध्याः विश्वे अश्विनौ मरुतः चः उष्मपाः च
गन्धर्व-यक्षासुर-सिद्ध-सङ्घाः वीक्षन्ते त्वाम् विस्मिताः च एव सर्वे

11.23 रूपं महत्ते बहुवक्त्रनेत्रं महाबहो बहुबाहूरुपादम् ।
बहूदरं बहुदंष्ट्राकरालं दृष्ट्वा लोकाः प्रव्यथितास्तथाऽहम् ॥

रूपम् महत् ते बहु-वक्त्र-नेत्रम् महाबहो बहु-बाहूरु-पादम्
बहूदरम् बहु-दंष्ट्रा-करालम् दृष्ट्वा लोकाः प्रव्यथिताः तथा अहम्

11.24 नभःस्पृशं दीप्तमनेकवर्णं व्यात्ताननं दीप्तविशालनेत्रम् ।
दृष्ट्वा हि त्वां प्रव्यथितान्तरात्मा धृतिं न विन्दामि शमं च विष्णो ।।

नभः-स्पृशम् दीप्तम् अनेक-वर्णम् व्यात्ताननम् दीप्त-विशाल-नेत्रम्
दृष्ट्वा हि त्वाम् प्रव्यथितान्तरात्मा धृतिम् न विन्दामि शमम् च विष्णो

11.25 दंष्ट्राकरालानि च ते मुखानि दृष्ट्वैव कालानलसन्निभानि ।
दिशो न जाने न लभे च शर्म प्रसीद देवेश जगन्निवास ।।

दंष्ट्रा-करालानि च ते मुखानि दृष्ट्वा एव कालानल-सन्निभानि
दिशः न जाने न लभे च शर्म प्रसीद देवेश जगन्निवास

11.26 अमी च त्वां धृतराष्ट्रस्य पुत्राः सर्वे सहैवावनिपालसङ्घैः ।
भीष्मो द्रोणः सूतपुत्रस्तथासौ सहास्मदीयैरपि योधमुख्यैः ।।

अमी च त्वाम् धृतराष्ट्रस्य पुत्राः सर्वे सह एव अवनि-पाल-सङ्घैः
भीष्मः द्रोणः सूत-पुत्रः तथा असौ सह अस्मदीयैः अपि योध-मुख्यैः

11.27 वक्त्राणि ते त्वरमाणा विशन्ति दंष्ट्राकरालानि भयानकानि ।
केचिद्विलग्ना दशनान्तरेषु सन्दृश्यन्ते चूर्णितैरुत्तमाङ्गैः ।।

वक्त्राणि ते त्वरमाणाः विशन्ति दंष्ट्रा-करालानि भयानकानि
केचित् विलग्नाः दशनान्तरेषु सन्दृश्यन्ते चूर्णितैः उत्तमाङ्गैः

11.28 यथा नदीनां बहवोऽम्बुवेगाः समुद्रमेवाभिमुखा द्रवन्ति ।
तथा तवामी नरलोकवीरा विशन्ति वक्त्राण्यभिविज्वलन्ति ।।

यथा नदीनाम् बहवः अम्बुवेगाः समुद्रम् एव अभिमुखाः द्रवन्ति
तथा तव अमी नर-लोक-वीराः विशन्ति वक्त्राणि अभिविज्वलन्ति

11.29 यथा प्रदीप्तं ज्वलनं पतङ्गा विशन्ति नाशाय समृद्धवेगाः ।
तथैव नाशाय विशन्ति लोकाः तवापि वक्त्राणि समृद्धवेगाः ।।

CHAPTER 11

यथा प्रदीप्तम् ज्वलनम् पतङ्गाः विशन्ति नाशाय समृद्ध-वेगाः
तथा एव नाशाय विशन्ति लोकाः तव अपि वक्त्राणि समृद्ध-वेगाः

11.30 लेलिह्यसे ग्रसमानः समन्तात् लोकान्समग्रान्वदनैर्ज्वलद्भिः ।
तेजोभिरापूर्य जगत्समग्रं भासस्तवोग्राः प्रतपन्ति विष्णो ।।

लेलिह्यसे ग्रसमानः समन्तात् लोकान् समग्रान् वदनैः ज्वलद्भिः
तेजोभिः आपूर्य जगत् समग्रम् भासः तवः उग्राः प्रतपन्ति विष्णो

11.31 आख्याहि मे को भवानुग्ररूपो नमोऽस्तु ते देववर प्रसीद ।
विज्ञातुमिच्छामि भवन्तमाद्यं न हि प्रजानामि तव प्रवृत्तिम् ।।

आख्याहि मे कः भवान् उग्र-रूपः नमः अस्तु ते देव-वर प्रसीद
विज्ञातुम् इच्छामि भवन्तम् आद्यम् न हि प्र-जानामि तव प्रवृत्तिम्

श्रीभगवानुवाच

11.32 कालोऽस्मि लोकक्षयकृत्प्रवृद्धो लोकान्समाहर्तुमिह प्रवृत्तः ।
ऋतेऽपि त्वां न भविष्यन्ति सर्वे येऽवस्थिताः प्रत्यनीकेषु योधाः ।।

कालः अस्मि लोक-क्षय-कृत् प्रवृद्धः लोकान् समाहर्तुम् इह प्रवृत्तः
ऋते अपि त्वाम् न भविष्यन्ति सर्वे ये अवस्थिताः प्रत्यनीकेषु योधाः

11.33 तस्मात्त्वमुत्तिष्ठ यशो लभस्व जित्वा शत्रून्भुङ्क्ष्व राज्यं समृद्धम् ।
मयैवैते निहताः पूर्वमेव निमित्तमात्रं भव सव्यसाचिन् ।।

तस्मात् त्वम् उत्तिष्ठ यशः लभस्व जित्वा शत्रून् भुङ्क्ष्व राज्यम् समृद्धम्
मया एव एते निहताः पूर्वम् एव निमित्त-मात्रम् भव सव्य-साचिन्

11.34 द्रोणं च भीष्मं च जयद्रथं च कर्णं तथाऽन्यानपि योधवीरान् ।
मया हतांस्त्वं जहि मा व्यथिष्ठा युद्ध्यस्व जेतासि रणे सपत्नान् ।।

द्रोणम् च भीष्मम् च जयद्रथम् च कर्णम् तथा अन्यान् अपि योध-वीरान्
मया हतान् त्वम् जहि मा व्यथिष्ठाः युद्ध्यस्व जेतासि रणे सपत्नान्

CHAPTER 11

सञ्जय उवाच

11.35 एतच्छ्रुत्वा वचनं केशवस्य कृताञ्जलिर्वेपमानः किरीटी ।
नमस्कृत्वा भूय एवाह कृष्णं सगद्गदं भीतभीतः प्रणम्य ॥

एतत् श्रुत्वा वचनम् केशवस्य कृताञ्जलिः वेपमानः किरीटी
नमस्कृत्वा भूयः एव आह कृष्णम् सगद्गदम् भीत-भीतः प्रणम्य

अर्जुन उवाच

11.36 स्थाने हृषीकेश तव प्रकीर्त्या जगत्प्रहृष्यत्यनुरज्यते च ।
रक्षांसि भीतानि दिशो द्रवन्ति सर्वे नमस्यन्ति च सिद्धसङ्घाः ॥

स्थाने हृषीकेश तव प्रकीर्त्या जगत् प्रहृष्यति अनुरज्यते च
रक्षांसि भीतानि दिशः द्रवन्ति सर्वे नमस्यन्ति च सिद्ध- सङ्घाः

11.37 कस्माच्च ते न नमेरन्महात्मन् गरीयसे ब्रह्मणोऽप्यादिकर्त्रे ।
अनन्त देवेश जगन्निवास त्वमक्षरं सदसत्तत्परं यत् ॥

कस्मात् च ते न नमेरन् महात्मन् गरीयसे ब्रह्मणः अपि आदि-कर्त्रे
अनन्त देवेश जगन्निवास त्वम् अक्षरम् सत् असत् तत्परम् यत्

11.38 त्वमादिदेवः पुरुषः पुराणः त्वमस्य विश्वस्य परं निधानम् ।
वेत्तासि वेद्यं च परं च धाम त्वया ततं विश्वमनन्तरूप ॥

त्वम् आदि-देवः पुरुषः पुराणः त्वम् अस्य विश्वस्य परम् निधानम्
वेत्ता असि वेद्यम् च परम् च धाम त्वया ततम् विश्वम् अनन्त-रूप

11.39 वायुर्यमोऽग्निर्वरुणः शशाङ्कः प्रजापतिस्त्वं प्रपितामहश्च ।
नमो नमस्तेऽस्तु सहस्रकृत्वः पुनश्च भूयोऽपि नमो नमस्ते ॥

वायुः यमः अग्निः वरुणः शशाङ्कः प्रजा-पतिः त्वम् प्र-पितामहः च
नमः नमः ते अस्तु सहस्र-कृत्वः पुनः च भूयः अपि नमः नमः ते

11.40 नमः पुरस्तादथ पृष्ठतस्ते नमोऽस्तु ते सर्वत एव सर्व ।
अनन्तवीर्यामितविक्रमस्त्वं सर्वं समाप्नोषि ततोऽसि सर्वः ॥

CHAPTER 11

नमः पुरस्तात् अथ पृष्ठतः ते नमः अस्तु ते सर्वतः एव सर्व
अनन्त-वीर्य अमित-विक्रमः त्वम् सर्वम् समाप्नोषि ततः असि सर्वः

11.41 सखेति मत्वा प्रसभं यदुक्तं   हे कृष्ण हे यादव हे सखेति ।
अजानता महिमानं तवेदं   मया प्रमादात्प्रणयेन वापि ॥

सखा इति मत्वा प्रसभम् यत् उक्तम् हे कृष्ण हे यादव हे सखे इति
अ-जानता महिमानम् तव इदम् मया प्रमादात् प्रणयेन वा अपि

11.42 यच्चावहासार्थमसत्कृतोऽसि   विहारशय्यासनभोजनेषु ।
एकोऽथवाप्यच्युत तत्समक्षं   तत्क्षामये त्वामहमप्रमेयम् ॥

यत् च अवहासार्थम् अ-सत्कृतः असि विहार-शय्यासन-भोजनेषु
एकः अथवा अपि अच्युत तत्समक्षम् तत् क्षामये त्वाम् अहम् अ-प्रमेयम्

11.43 पितासि लोकस्य चराचरस्य   त्वमस्य पूज्यश्च गुरुर्गरीयान् ।
न त्वत्समोऽस्त्यभ्यधिकः कुतोऽन्यो   लोकत्रयेऽप्यप्रतिमप्रभाव ॥

पिता असि लोकस्य चराचरस्य त्वम् अस्य पूज्यः च गुरुः गरीयान्
न त्वत्समः अस्ति अभ्यधिकः कुतः अन्यः लोक-त्रये अपि अप्रतिम-प्रभाव

11.44 तस्मात्प्रणम्य प्रणिधाय कायं   प्रसादये त्वामहमीशमीड्यम् ।
पितेव पुत्रस्य सखेव सख्युः   प्रियः प्रियायार्हसि देव सोढुम् ॥

तस्मात् प्रणम्य प्रणिधाय कायम् प्रसादये त्वाम् अहम् ईशम् ईड्यम्
पिता इव पुत्रस्य सखा इव सख्युः प्रियः प्रियायाः अर्हसि देव सोढुम्

11.45 अदृष्टपूर्वं हृषितोऽस्मि दृष्ट्वा   भयेन च प्रव्यथितं मनो मे ।
तदेव मे दर्शय देव रूपं   प्रसीद देवेश जगन्निवास ॥

अ-दृष्ट-पूर्वम् हृषितः अस्मि दृष्ट्वा भयेन च प्र-व्यथितम् मनः मे
तत् एव मे दर्शय देव रूपम् प्रसीद देवेश जगन्निवास

11.46 किरीटिनं गदिनं चक्रहस्तम्   इच्छामि त्वां द्रष्टुमहं तथैव ।
तेनैव रूपेण चतुर्भुजेन   सहस्रबाहो भव विश्वमूर्ते ॥

CHAPTER 11

किरीटिनम् गदिनम् चक्र-हस्तम् इच्छामि त्वाम् द्रष्टुम् अहम् तथा एव
तेन एव रूपेण चतुर्भुजेन सहस्त्र-बाहो भव विश्व-मूर्ते

श्रीभगवानुवाच

11.47 मया प्रसन्नेन तवार्जुनेदं रूपं परं दर्शितमात्मयोगात् ।
तेजोमयं विश्वमनन्तमाद्यं यन्मे त्वदन्येन न दृष्टपूर्वम् ॥

मया प्रसन्नेन तव अर्जुन इदम् रूपम् परम् दर्शितम् आत्म-योगात्
तेजोमयम् विश्वम् अनन्तम् आद्यम् यत् मे त्वदन्येन न दृष्ट-पूर्वम्

11.48 न वेदयज्ञाध्ययनैर्न दानैः न च क्रियाभिर्न तपोभिरुग्रैः ।
एवंरूपः शक्य अहं नृलोके द्रष्टुं त्वदन्येन कुरुप्रवीर ॥

न वेद-यज्ञाध्ययनैः न दानैः न च क्रियाभिः न तपोभिः उग्रैः
एवम् रूपः शक्यः अहम् नृलोके द्रष्टुम् त्वदन्येन कुरु-प्रवीर

11.49 मा ते व्यथा मा च विमूढभावो दृष्ट्वा रूपं घोरमीदृङ्ममेदम् ।
व्यपेतभीः प्रीतमनाः पुनस्त्वं तदेव मे रूपमिदं प्रपश्य ॥

मा ते व्यथा मा च विमूढ-भावः दृष्ट्वा रूपम् घोरम् ईदृक् मम इदम्
व्यपेतभीः प्रीत-मनाः पुनः त्वम् तत् एव मे रूपम् इदम् प्रपश्य

सञ्जय उवाच

11.50 इत्यर्जुनं वासुदेवस्तथोक्त्वा स्वकं रूपं दर्शयामास भूयः ।
आश्वासयामास च भीतमेनं भूत्वा पुनः सौम्यवपुर्महात्मा ॥

इति अर्जुनम् वासुदेवः तथाः उक्त्वा स्वकम् रूपम् दर्शयामास भूयः
आश्वासयामास च भीतम् एनम् भूत्वा पुनः सौम्य-वपुः महात्मा

अर्जुन उवाच

11.51 दृष्ट्वेदं मानुषं रूपं तव सौम्यं जनार्दन ।
इदानीमस्मि संवृत्तः सचेताः प्रकृतिं गतः ॥

दृष्ट्वा इदम् मानुषम् रूपम् तव सौम्यम् जनार्दन इदानीम् अस्मि संवृत्तः स-चेताः प्रकृतिम् गतः

CHAPTER 11

श्रीभगवानुवाच

11.52 सुदुर्दर्शमिदं रूपं दृष्टवानसि यन्मम ।
देवा अप्यस्य रूपस्य नित्यं दर्शनकाङ्क्षिणः ।।

सु-दुर्दर्शम् इदम् रूपम् दृष्टवान् असि यत् मम देवा: अपि अस्य रूपस्य नित्यम् दर्शन-काङ्क्षिण:

11.53 नाहं वेदैर्न तपसा न दानेन न चेज्यया ।
शक्य एवंविधो द्रष्टुं दृष्टवानसि मां यथा ।।

न अहं वेदै: न तपसा न दानेन न च इज्यया । शक्य: एवम् विध: द्रष्टुं दृष्टवान् असि मां यथा

11.54 भक्त्या त्वनन्यया शक्य अहमेवंविधोऽर्जुन ।
ज्ञातुं द्रष्टुं च तत्त्वेन प्रवेष्टुं च परन्तप ।।

भक्त्या तु अनन्यया शक्य: अहम् एवम् विध: अर्जुन ज्ञातुम् द्रष्टुम् च तत्त्वेन प्रवेष्टुम् च परन्तप

11.55 मत्कर्मकृन्मत्परमो मद्भक्तः सङ्गवर्जितः ।
निर्वैरः सर्वभूतेषु यः स मामेति पाण्डव ।।

मत्कर्मकृत् मत्परम: मद्भक्त: सङ्ग-वर्जित: निर्वैर: सर्व-भूतेषु य: स: माम् एति पाण्डव

इति श्रीमद्भगवद्गीतासूपनिषत्सु ब्रह्मविद्यायां योगशास्त्रे
श्रीकृष्णार्जुनसंवादे विश्वरूपदर्शनयोगो नामैकादशोऽध्यायः ।।

इति श्रीमद् भगवद् गीतासु उपनिषत्सु ब्रह्म-विद्यायां योग-शास्त्रे श्रीकृष्ण-अर्जुन संवादे विश्वरूपदर्शनयोग:
नाम एकादश: अध्याय: ।

CHAPTER 12
द्वादशोऽध्यायः

भक्तियोग:
YOGA OF DEVOTION

अर्जुन उवाच

12.1 एवं सततयुक्ता ये भक्तास्त्वां पर्युपासते ।
ये चाप्यक्षरमव्यक्तं तेषां के योगवित्तमाः ।।

एवम् सतत-युक्ता: ये भक्ता: त्वाम् पर्युपासते । ये च अपि अ-क्षरम् अ-व्यक्तम् तेषाम् के योग-वित्तमा:

श्रीभगवानुवाच

12.2 मय्यावेश्य मनो ये मां नित्ययुक्ता उपासते ।
श्रद्धया परयोपेताः ते मे युक्ततमा मताः ।।

मयि आवेश्य मन: ये माम् नित्य-युक्ता: उपासते । श्रद्धया परया उपेता: ते मे युक्त-तमा: मता:

12.3 ये त्वक्षरमनिर्देश्यम् अव्यक्तं पर्युपासते ।
सर्वत्रगमचिन्त्यं च कूटस्थमचलं ध्रुवम् ।।

ये तु अ-क्षरम् अ-निर्देश्यम् अ-व्यक्तम पर्युपासते । सर्वत्र-गम् अ-चिन्त्यम् च कूट-स्थम् अ-चलम् ध्रुवम्

12.4 सन्नियम्येन्द्रियग्रामं सर्वत्र समबुद्धयः ।
ते प्राप्नुवन्ति मामेव सर्वभूतहिते रताः ।।

सन्नियम्य इन्द्रिय-ग्रामम् सर्वत्र सम-बुद्धय: । ते प्राप्नुवन्ति माम् एव सर्व-भूत-हिते रता:

12.5 क्लेशोऽधिकतरस्तेषाम् अव्यक्तासक्तचेतसाम् ।
अव्यक्ता हि गतिर्दुःखं देहवद्भिरवाप्यते ।।

क्लेश: अधिकतर: तेषाम् अ-व्यक्तासक्त-चेतसाम् । अ-व्यक्ता हि गतिर्दु:खं देहवद्भिरवाप्यते

CHAPTER 12

12.6 ये तु सर्वाणि कर्माणि मयि संन्यस्य मत्पराः ।
अनन्येनैव योगेन मां ध्यायन्त उपासते ॥

ये तु सर्वाणि कर्माणि मयि संन्यस्य मत्पराः । अनन्येन एव योगेन माम् ध्यायन्तः उपासते

12.7 तेषामहं समुद्धर्ता मृत्युसंसारसागरात् ।
भवामि नचिरात्पार्थ मय्यावेशितचेतसाम् ॥

तेषाम् अहम् समुद्धर्ता मृत्यु-संसार-सागरात् । भवामि नचिरात् पार्थ मयि आवेशित-चेतसाम्

12.8 मय्येव मन आधत्स्व मयि बुद्धिं निवेशय ।
निवसिष्यसि मय्येव अत ऊर्ध्वं न संशयः ॥

मयि एव मनः आधत्स्व मयि बुद्धिम् निवेशय । निवसिष्यसि मयि एव अतः ऊर्ध्वम् न संशयः

12.9 अथ चित्तं समाधातुं न शक्नोषि मयि स्थिरम् ।
अभ्यासयोगेन ततो मामिच्छाप्तुं धनञ्जय ॥

अथ चित्तम् समाधातुम् न शक्नोषि मयि स्थिरम् । अभ्यास-योगेन ततः माम् इच्छ आप्तुम् धनञ्जय

12.10 अभ्यासेऽप्यसमर्थोऽसि मत्कर्मपरमो भव ।
मदर्थमपि कर्माणि कुर्वन्सिद्धिमवाप्स्यसि ॥

अभ्यासे अपि अ-समर्थः असि मत्कर्म-परमः भव । मदर्थम् अपि कर्माणि कुर्वन् सिद्धिम् अवाप्स्यसि

12.11 अथैतदप्यशक्तोऽसि कर्तुं मद्योगमाश्रितः ।
सर्वकर्मफलत्यागं ततः कुरु यतात्मवान् ॥

अथ एतत् अपि अ-शक्तः असि कर्तुम् मद्योगम् आश्रितः । सर्व-कर्म-फल-त्यागम् ततः कुरु यतात्मवान्

12.12 श्रेयो हि ज्ञानमभ्यासात् ज्ञानाद्ध्यानं विशिष्यते ।
ध्यानात्कर्मफलत्यागः त्यागाच्छान्तिरनन्तरम् ॥

श्रेयः हि ज्ञानम् अभ्यासात् ज्ञानात् ध्यानम् विशिष्यते । ध्यानात् कर्म-फल-त्यागः त्यागात् शान्तिः अनन्तरम्

CHAPTER 12

12.13 अद्वेष्टा सर्वभूतानां मैत्रः करुण एव च ।
निर्ममो निरहङ्कारः समदुःखसुखः क्षमी ॥
अद्वेष्टा सर्व-भूतानाम् मैत्रः करुणः एव च । निर्ममः निरहङ्कारः सम-दुःख-सुखः क्षमी

12.14 सन्तुष्टः सततं योगी यतात्मा दृढनिश्चयः ।
मय्यर्पितमनोबुद्धिः यो मद्भक्तः स मे प्रियः ॥
सन्तुष्टः सततम् योगी यतात्मा दृढ-निश्चयः । मयि अर्पित-मनो-बुद्धिः यः मद्भक्तः सः मे प्रियः

12.15 यस्मान्नोद्विजते लोको लोकान्नोद्विजते च यः ।
हर्षामर्षभयोद्वेगैः मुक्तो यः स च मे प्रियः ॥
यस्मात् न उद्विजते लोकः लोकात् न उद्विजते च यः । हर्षामर्ष-भयोद्वेगैः मुक्तः यः सः च मे प्रियः

12.16 अनपेक्षः शुचिर्दक्ष उदासीनो गतव्यथः ।
सर्वारम्भपरित्यागी यो मद्भक्तः स मे प्रियः ॥
अनपेक्षः शुचिर्दक्षः उदासीनः गत-व्यथः । सर्वारम्भ-परि-त्यागी यः मद्भक्तः सः मे प्रियः

12.17 यो न हृष्यति न द्वेष्टि न शोचति न काङ्क्षति ।
शुभाशुभपरित्यागी भक्तिमान्यः स मे प्रियः ॥
यः न हृष्यति न द्वेष्टि न शोचति न काङ्क्षति । शुभाशुभ-परित्यागी भक्तिमान्यः सः मे प्रियः

12.18 समः शत्रौ च मित्रे च तथा मानापमानयोः ।
शीतोष्णसुखदुःखेषु समः सङ्गविवर्जितः ॥
समः शत्रौ च मित्रे च तथा मानापमानयोः । शीतोष्ण-सुख-दुःखेषु समः सङ्ग-विवर्जितः

12.19 तुल्यनिन्दास्तुतिर्मौनी सन्तुष्टो येन केनचित् ।

CHAPTER 13

अनिकेतः स्थिरमतिः भक्तिमान्मे प्रियो नरः ॥

तुल्य-निन्दा-स्तुतिर्मौनी सन्तुष्टः येन केनचित् । अ-निकेतः स्थिर-मतिः भक्तिमान् मे प्रियः नरः

12.20 ये तु धर्म्यामृतमिदं यथोक्तं पर्युपासते ।
श्रद्दधाना मत्परमा भक्तास्तेऽतीव मे प्रियाः ॥

ये तु धर्म्यामृतम् इदम् यथोक्तम् पर्युपासते । श्रद्दधानाः मत्परमाः भक्ताः ते अतीव मे प्रियाः

इति श्रीमद्भगवद्गीतासूपनिषत्सु ब्रह्मविद्यायां योगशास्त्रे
श्रीकृष्णार्जुनसंवादे भक्तियोगो नाम द्वादशोऽध्यायः ।

इति श्रीमद्-भगवद्-गीतासु उपनिषत्सु ब्रह्म-विद्यायां योग-शास्त्रे श्रीकृष्ण-अर्जुन-संवादे भक्ति-योगः नाम द्वादशः अध्यायः ।

CHAPTER 13
त्रयोदशोऽध्यायः
क्षेत्रक्षेत्रज्ञविभागयोगः
THE YOGA OF "THE BODY AND ITS KNOWER"

अर्जुन उवाच

Arjuna's sam~skrt words :
13.1 प्रकृतिं पुरुषं चैव क्षेत्रं क्षेत्रज्ञमेव च ।
एतद्वेदितुमिच्छामि ज्ञानं ज्ञेयं च केशव ॥

प्रकृतिम् पुरुषम् च एव क्षेत्रम् क्षेत्रज्ञम् एव च एतत् वेदितुम् इच्छामि ज्ञानम् ज्ञेयम् च केशव

श्रीभगवानुवाच

13.2 इदं शरीरं कौन्तेय क्षेत्रमित्यभिधीयते ।

CHAPTER 13

एतद्यो वेत्ति तं प्राहुः क्षेत्रज्ञ इति तद्विदः ॥

इदम् शरीरम् कौन्तेय क्षेत्रम् इति अभिधीयते एतत् यः वेत्ति तम् प्राहुः क्षेत्रज्ञः इति तद्विदः

13.3 क्षेत्रज्ञं चापि मां विद्धि सर्वक्षेत्रेषु भारत ।
क्षेत्रक्षेत्रज्ञयोर्ज्ञानं यत्तज्ज्ञानं मतं मम ॥

क्षेत्रज्ञम् च अपि माम् विद्धि सर्व-क्षेत्रेषु भारत क्षेत्र-क्षेत्रज्ञयोः ज्ञानम् यत् तत् ज्ञानम् मतम् मम

13.4 तत्क्षेत्रं यच्च यादृक्च यद्विकारि यतश्च यत् ।
स च यो यत्प्रभावश्च तत्समासेन मे शृणु ॥

तत् क्षेत्रम् यत् च यादृक् च यद्विकारि यतः च यत् सः च यः यत्प्रभावः च तत् समासेन मे शृणु

13.5 ऋषिभिर्बहुधा गीतं छन्दोभिर्विविधैः पृथक् ।
ब्रह्मसूत्रपदैश्चैव हेतुमद्भिर्विनिश्चितैः ॥

ऋषिभिः बहुधा गीतम् छन्दोभिः विविधैः पृथक् ब्रह्म-सूत्र-पदैः च एव हेतुमद्भिः विनिश्चितैः

13.6 महाभूतान्यहङ्कारो बुद्धिरव्यक्तमेव च ।
इन्द्रियाणि दशैकं च पञ्च चेन्द्रियगोचराः ॥

महाभूतानि अहङ्कारः बुद्धिः अ-व्यक्तम् एव च इन्द्रियाणि दश एकम् च पञ्च च इन्द्रिय-गोचराः

13.7 इच्छा द्वेषः सुखं दुःखं सङ्घातश्चेतना धृतिः ।
एतत्क्षेत्रं समासेन सविकारमुदाहृतम् ॥

इच्छा द्वेषः सुखम् दुःखम् सङ्घातः चेतना धृतिः एतत् क्षेत्रम् समासेन स-विकारम् उदाहृतम्

13.8 अमानित्वमदम्भित्वम् अहिंसा क्षान्तिरार्जवम् ।
आचार्योपासनं शौचं स्थैर्यमात्मविनिग्रहः ॥

अ-मानित्वम् अ-दम्भित्वम् अ-हिंसा क्षान्तिः आर्जवम् आचार्योपासनम् शौचम् स्थैर्यम् आत्म-विनिग्रहः

13.9 इन्द्रियार्थेषु वैराग्यम् अनहङ्कार एव च ।
जन्ममृत्युजराव्याधि- -दुःखदोषानुदर्शनम् ॥

इन्द्रियार्थेषु वैराग्यम् अनहङ्कारः एव च मृत्यु-जरा-व्याधि-दुःख-दोषानु-दर्शनम्

CHAPTER 13

13.10 असक्तिरनभिष्वङ्गः पुत्रदारगृहादिषु ।
नित्यं च समचित्तत्वम् इष्टानिष्टोपपत्तिषु ॥

असक्ति: अनभिष्वङ्ग: पुत्र-दार-गृहादिषु नित्यम् च सम-चित्तत्वम् इष्टानिष्टोपपत्तिषु

13.11 मयि चानन्ययोगेन भक्तिरव्यभिचारिणी ।
विविक्तदेशसेवित्वम् अरतिर्जनसंसदि ॥

मयि च अनन्य-योगेन भक्ति: अ-व्यभिचारिणी विविक्त-देश-सेवित्वम् अरति: जन-संसदि

13.12 अध्यात्मज्ञाननित्यत्वं तत्त्वज्ञानार्थदर्शनम् ।
एतज्ज्ञानमिति प्रोक्तम् अज्ञानं यदतोऽन्यथा ॥

अध्यात्म-ज्ञान-नित्यत्वम् तत्त्व-ज्ञानार्थ-दर्शनम् एतत् ज्ञानम् इति प्रोक्तम् अ-ज्ञानम् यत् अत: अन्यथा

13.13 ज्ञेयं यत्तत्प्रवक्ष्यामि यज्ज्ञात्वामृतमश्नुते ।
अनादिमत्परं ब्रह्म न सत्तन्नासदुच्यते ॥

ज्ञेयम् यत् तत् प्रवक्ष्यामि यत् ज्ञात्वा अमृतम् अश्नुते अनादिमत् परम् ब्रह्म न सत् तत् न असत् उच्यते

13.14 सर्वतःपाणिपादं तत् सर्वतोऽक्षिशिरोमुखम् ।
सर्वतःश्रुतिमल्लोके सर्वमावृत्य तिष्ठति ॥

सर्वत: पाणि-पादम् तत् सर्वत: अक्षि-शिरो-मुखम् सर्वत: श्रुतिमत् लोके सर्वम् आवृत्य तिष्ठति

13.15 सर्वेन्द्रियगुणाभासं सर्वेन्द्रियविवर्जितम् ।
असक्तं सर्वभृच्चैव निर्गुणं गुणभोक्तृ च ॥

सर्वेन्द्रिय-गुणाभासम् सर्वेन्द्रिय-विवर्जितम् असक्तम् सर्व-भृत् च एव निर्गुणम् गुण-भोक्तृ च

13.16 बहिरन्तश्च भूतानाम् अचरं चरमेव च ।
सूक्ष्मत्वात्तदविज्ञेयं दूरस्थं चान्तिके च तत् ॥

बहि: अन्त: च भूतानाम् अ-चरम् चरम् एव च सूक्ष्मत्वात् तत् अ-विज्ञेयम् दूरस्थम् च अन्तिके च तत्

13.17 अविभक्तं च भूतेषु विभक्तमिव च स्थितम् ।
भूतभर्तृ च तज्ज्ञेयं ग्रसिष्णु प्रभविष्णु च ॥

अ-विभक्तम् च भूतेषु विभक्तम् इव च स्थितम् भूत-भर्तृ च तत् ज्ञेयम् ग्रसिष्णु प्रभ-विष्णु च

13.18 ज्योतिषामपि तज्ज्योतिः तमसः परमुच्यते ।
ज्ञानं ज्ञेयं ज्ञानगम्यं हृदि सर्वस्य विष्ठितम् ॥

ज्योतिषाम् अपि तत् ज्योतिः तमसः परम् उच्यते ज्ञानम् ज्ञेयम् ज्ञान-गम्यम् हृदि सर्वस्य विष्ठितम्

13.19 इति क्षेत्रं तथा ज्ञानं ज्ञेयं चोक्तं समासतः ।
मद्भक्त एतद्विज्ञाय मद्भावायोपपद्यते ॥

इति क्षेत्रम् तथा ज्ञानम् ज्ञेयम् चः उक्तम् समासतः मद्भक्तः एतत् विज्ञाय मद्भावाय: उपपद्यते

13.20 प्रकृतिं पुरुषं चैव विद्ध्यनादी उभावपि ।
विकारांश्च गुणांश्चैव विद्धि प्रकृतिसम्भवान् ॥

प्रकृतिम् पुरुषम् च एव विद्धि अनादीः उभौ अपि विकारान् च गुणान् च एव विद्धि प्रकृति-सम्भवान्

13.21 कार्यकरणकर्तृत्वे हेतुः प्रकृतिरुच्यते ।
पुरुषः सुखदुःखानां भोक्तृत्वे हेतुरुच्यते ॥

कार्य-करण-कर्तृत्वे हेतुः प्रकृतिः उच्यते पुरुषः सुख-दुःखानाम् भोक्तृत्वे हेतुः उच्यते

13.22 पुरुषः प्रकृतिस्थो हि भुङ्क्ते प्रकृतिजान्गुणान् ।
कारणं गुणसङ्गोऽस्य सदसद्योनिजन्मसु ॥

पुरुषः प्रकृतिस्थः हि भुङ्क्ते प्रकृतिजान् गुणान् कारणम् गुण-सङ्गः अस्य सदसद्योनि-जन्मसु

13.23 उपद्रष्टानुमन्ता च भर्ता भोक्ता महेश्वरः ।
परमात्मेति चाप्युक्तो देहेऽस्मिन्पुरुषः परः ॥

उपद्रष्टा अनुमन्ता च भर्ता भोक्ता महेश्वरः परमात्मा इति च अपिः उक्तः देहे अस्मिन् पुरुषः परः

13.24 य एवं वेत्ति पुरुषं प्रकृतिं च गुणैः सह ।
सर्वथा वर्तमानोऽपि न स भूयोऽभिजायते ॥

यः एवम् वेत्ति पुरुषम् प्रकृतिम् च गुणैः सह सर्वथा वर्तमानः अपि न सः भूयः अभिजायते

13.25 ध्यानेनात्मनि पश्यन्ति केचिदात्मानमात्मना ।

CHAPTER 13

अन्ये साङ्ख्येन योगेन कर्मयोगेन चापरे ॥

ध्यानेन आत्मनि पश्यन्ति केचित् आत्मानम् आत्मना अन्ये साङ्ख्येन योगेन कर्म-योगेन च अपरे

13.26 अन्ये त्वेवमजानन्तः श्रुत्वान्येभ्य उपासते ।
तेऽपि चातितरन्त्येव मृत्युं श्रुतिपरायणाः ॥

अन्ये तु एवम् अजानन्तः श्रुत्वा अन्येभ्यः उपासते ते अपि च अतितरन्ति एव मृत्युम् श्रुति-परायणाः

13.27 यावत्सञ्जायते किञ्चित् सत्त्वं स्थावरजङ्गमम् ।
क्षेत्रक्षेत्रज्ञसंयोगात् तद्विद्धि भरतर्षभ ॥

यावत् सञ्जायते किञ्चित् सत्त्वम् स्थावर-जङ्गमम् क्षेत्र-क्षेत्रज्ञ-संयोगात् तत् विद्धि भरतर्षभ

13.28 समं सर्वेषु भूतेषु तिष्ठन्तं परमेश्वरम् ।
विनश्यत्स्वविनश्यन्तं यः पश्यति स पश्यति ॥

समम् सर्वेषु भूतेषु तिष्ठन्तम् परमेश्वरम् विनश्यत्सु अ-विनश्यन्तम् यः पश्यति सः पश्यति

13.29 समं पश्यन्हि सर्वत्र समवस्थितमीश्वरम् ।
न हिनस्त्यात्मनात्मानं ततो याति परां गतिम् ॥

समम् पश्यन् हि सर्वत्र सम-वस्थितम् ईश्वरम् न हिनस्ति आत्मना आत्मानम् ततः याति पराम् गतिम्

13.30 प्रकृत्यैव च कर्माणि क्रियमाणानि सर्वशः ।
यः पश्यति तथात्मानम् अकर्तारं स पश्यति ॥

प्रकृत्या एव च कर्माणि क्रियमाणानि सर्वशः यः पश्यति तथा आत्मानम् अकर्तारम् सः पश्यति

13.31 यदा भूतपृथग्भावम् एकस्थमनुपश्यति ।
तत एव च विस्तारं ब्रह्म सम्पद्यते तदा ॥

यदा भूत-पृथग्भावम् एकस्थम् अनुपश्यति ततः एव च विस्तारम् ब्रह्म सम्पद्यते तदा

13.32 अनादित्वान्निर्गुणत्वात् परमात्मायमव्ययः ।
शरीरस्थोऽपि कौन्तेय न करोति न लिप्यते ॥

अनादित्वात् निर्गुणत्वात् परमात्मा अयम् अव्ययः शरीर-स्थः अपि कौन्तेय न करोति न लिप्यते

CHAPTER 14

13.33 यथा सर्वगतं सौक्ष्म्यात्   आकाशं नोपलिप्यते ।
सर्वत्रावस्थितो देहे   तथात्मा नोपलिप्यते ॥

यथा सर्व-गतम् सौक्ष्म्यात् आकाशम् न: उप-लिप्यते सर्वत्र अवस्थित: देहे तथा आत्मा न: उप-लिप्यते

13.34 यथा प्रकाशयत्येक: कृत्स्नं लोकमिमं रवि: ।
क्षेत्रं क्षेत्री तथा कृत्स्नं   प्रकाशयति भारत ॥

यथा प्रकाशयति एक: कृत्स्नम् लोकम् इमम् रवि: क्षेत्रम् क्षेत्री तथा कृत्स्नम् प्रकाशयति भारत

13.35 क्षेत्रक्षेत्रज्ञयोरेवम्   अन्तरं ज्ञानचक्षुषा ।
भूतप्रकृतिमोक्षं च   ये विदुर्यान्ति ते परम् ॥

क्षेत्र-क्षेत्रज्ञयो: एवम् अन्तरम् ज्ञान-चक्षुषा भूत-प्रकृति-मोक्षम् च ये विदु: यान्ति ते परम्

इति श्रीमद्भगवद्गीतासूपनिषत्सु ब्रह्मविद्यायां योगशास्त्रे
श्रीकृष्णार्जुनसंवादे क्षेत्रक्षेत्रज्ञविभागयोगो नाम त्रयोदशोऽध्यायः ।

इति श्रीमद्-भगवद्-गीतासु उपनिषत्सु ब्रह्म-विद्यायां योग-शास्त्रे श्रीकृष्ण-अर्जुन-संवादे क्षेत्रक्षेत्रज्ञविभागयोग:
नाम त्रयोदश: अध्याय: ।

CHAPTER 14
चतुर्दशोऽध्यायः

गुणत्रयविभागयोग:

THE YOGA PERTAINING TO "THE THREE ATTRIBUTES"

श्रीभगवानुवाच

14.1 परं भूयः प्रवक्ष्यामि   ज्ञानानां ज्ञानमुत्तमम् ।
यज्ज्ञात्वा मुनयः सर्वे   परां सिद्धिमितो गताः ॥

परम् भूय: प्रवक्ष्यामि ज्ञानानाम् ज्ञानम् उत्तमम् यत् ज्ञात्वा मुनय: सर्वे पराम् सिद्धिम् इत: गता:

CHAPTER 14

14.2 इदं ज्ञानमुपाश्रित्य मम साधर्म्यमागताः ।
सर्गेऽपि नोपजायन्ते प्रलये न व्यथन्ति च ।।
इदम् ज्ञानम् उपाश्रित्य मम साधर्म्यम् आगताः सर्गे अपि नः उपजायन्ते प्रलये न व्यथन्ति च

14.3 मम योनिर्महद्ब्रह्म तस्मिन्गर्भं दधाम्यहम् ।
सम्भवः सर्वभूतानां ततो भवति भारत ।।
मम योनिः महत् ब्रह्म तस्मिन् गर्भम् दधामि अहम् सम्भवः सर्व-भूतानाम् ततः भवति भारत

14.4 सर्वयोनिषु कौन्तेय मूर्तयः सम्भवन्ति याः ।
तासां ब्रह्म महद्योनिः अहं बीजप्रदः पिता ।।
सर्व-योनिषु कौन्तेय मूर्तयः सम्भवन्ति याः तासाम् ब्रह्म महत् योनिः अहम् बीज-प्रदः पिता

14.5 सत्त्वं रजस्तम इति गुणाः प्रकृतिसम्भवाः ।
निबध्नन्ति महाबाहो देहे देहिनमव्ययम् ।।
सत्त्वम् रजः तमः इति गुणाः प्रकृति-सम्भवाः निबध्नन्ति महाबाहो देहे देहिनम् अव्ययम्

14.6 तत्र सत्त्वं निर्मलत्वात् प्रकाशकमनामयम् ।
सुखसङ्गेन बध्नाति ज्ञानसङ्गेन चानघ ।।
तत्र सत्त्वम् निर्मलत्वात् प्रकाशकम् अनामयम् सुख-सङ्गेन बध्नाति ज्ञान-सङ्गेन च अनघ

14.7 रजो रागात्मकं विद्धि तृष्णासङ्गसमुद्भवम् ।
तन्निबध्नाति कौन्तेय कर्मसङ्गेन देहिनम् ।।
रजः रागात्मकम् विद्धि तृष्णा-सङ्ग-समुद्भवम् तत् निबध्नाति कौन्तेय कर्म-सङ्गेन देहिनम्

14.8 तमस्त्वज्ञानजं विद्धि मोहनं सर्वदेहिनाम् ।
प्रमादालस्यनिद्राभिः तन्निबध्नाति भारत ।।
तमः तु अ-ज्ञानजम् विद्धि मोहनम् सर्व-देहिनाम् प्रमादालस्य-निद्राभिः तत् निबध्नाति भारत

14.9 सत्त्वं सुखे सञ्जयति रजः कर्मणि भारत ।
ज्ञानमावृत्य तु तमः प्रमादे सञ्जयत्युत ।।

CHAPTER 14

सत्त्वम् सुखे सञ्जयति रज: कर्मणि भारत ज्ञानम् आवृत्य तु तम: प्रमादे सञ्जयति: उत

14.10 रजस्तमश्चाभिभूय सत्त्वं भवति भारत ।
रज: सत्त्वं तमश्चैव तम: सत्त्वं रजस्तथा ॥

रज: तम: च अभिभूय सत्त्वम् भवति भारत रज: सत्त्वम् तम: च एव तम: सत्त्वम् रज: तथा

14.11 सर्वद्वारेषु देहेऽस्मिन् प्रकाश उपजायते ।
ज्ञानं यदा तदा विद्यात् विवृद्धं सत्त्वमित्युत ॥

सर्व-द्वारेषु देहे अस्मिन् प्रकाश: उपजायते ज्ञानम् यदा तदा विद्यात् विवृद्धम् सत्त्वम् इति: उत

14.12 लोभः प्रवृत्तिरारम्भः कर्मणामशम: स्पृहा ।
रजस्येतानि जायन्ते विवृद्धे भरतर्षभ ॥

लोभ: प्रवृत्ति: आरम्भ: कर्मणाम् अशम: स्पृहा रजसि एतानि जायन्ते विवृद्धे भरतर्षभ

14.13 अप्रकाशोऽप्रवृत्तिश्च प्रमादो मोह एव च ।
तमस्येतानि जायन्ते विवृद्धे कुरुनन्दन ॥

अ-प्रकाश: अप्रवृत्ति: च प्रमाद: मोह: एव च तमसि एतानि जायन्ते विवृद्धे कुरु-नन्दन

14.14 यदा सत्त्वे प्रवृद्धे तु प्रलयं याति देहभृत् ।
तदोत्तमविदां लोकान् अमलान्प्रतिपद्यते ॥

यदा सत्त्वे प्रवृद्धे तु प्रलयम् याति देह-भृत् तदा: उत्तम-विदाम् लोकान् अमलान् प्रतिपद्यते

14.15 रजसि प्रलयं गत्वा कर्मसङ्गिषु जायते ।
तथा प्रलीनस्तमसि मूढयोनिषु जायते ॥

रजसि प्रलयम् गत्वा कर्म-सङ्गिषु जायते तथा प्रलीन: तमसि मूढ-योनिषु जायते

14.16 कर्मण: सुकृतस्याहुः सात्त्विकं निर्मलं फलम् ।
रजसस्तु फलं दुःखम् अज्ञानं तमसः फलम् ॥

कर्मण: सुकृतस्य आहु: सात्त्विकम् निर्मलम् फलम् रजस: तु फलम् दु:खम् अज्ञानम् तमस: फलम्

14.17 सत्त्वात्सञ्जायते ज्ञानं रजसो लोभ एव च ।

CHAPTER 14

प्रमादमोहौ तमसो भवतोऽज्ञानमेव च ॥

सत्त्वात् सञ्जायते ज्ञानम् रजस: लोभ: एव च प्रमाद-मोहौ तमस: भवत: अज्ञानम् एव च

14.18 ऊर्ध्वं गच्छन्ति सत्त्वस्था मध्ये तिष्ठन्ति राजसाः ।
जघन्यगुणवृत्तिस्था अधो गच्छन्ति तामसाः ॥

ऊर्ध्वम् गच्छन्ति सत्त्वस्था: मध्ये तिष्ठन्ति राजसा: जघन्य-गुण-वृत्तिस्था: अध: गच्छन्ति तामसा:

14.19 नान्यं गुणेभ्यः कर्तारं यदा द्रष्टानुपश्यति ।
गुणेभ्यश्च परं वेत्ति मद्भावं सोऽधिगच्छति ॥

न अन्यम् गुणेभ्य: कर्तारम् यदा द्रष्टा अनुपश्यति गुणेभ्य: च परम् वेत्ति मद्भावम् स: अधिगच्छति

14.20 गुणानेतानतीत्य त्रीन् देही देहसमुद्भवान् ।
जन्ममृत्युजरादुःखैः विमुक्तोऽमृतमश्नुते ॥

गुणान् एतान् अतीत्य त्रीन् देही देह-समुद्भवान् जन्म-मृत्यु-जरा-दु:खै: विमुक्त: अमृतम् अश्नुते

अर्जुन उवाच

14.21 कैर्लिङ्गैस्त्रीन्गुणानेतान् अतीतो भवति प्रभो ।
किमाचारः कथं चैतान् त्रीन्गुणानतिवर्तते ॥

कै: लिङ्गै: त्रीन् गुणान् एतान् अतीत: भवति प्रभो
किमाचार: कथम् च एतान् त्रीन् गुणान् अतिवर्तते

श्रीभगवानुवाच

14.22 प्रकाशं च प्रवृत्तिं च मोहमेव च पाण्डव ।
न द्वेष्टि सम्प्रवृत्तानि न निवृत्तानि काङ्क्षति ॥

प्रकाशम् च प्रवृत्तिम् च मोहम् एव च पाण्डव न द्वेष्टि सम्प्रवृत्तानि न निवृत्तानि काङ्क्षति

14.23 उदासीनवदासीनो गुणैर्यो न विचाल्यते ।
गुणा वर्तन्त इत्येव योऽवतिष्ठति नेङ्गते ॥

उदासीनवत् आसीन: गुणै: य: न विचाल्यते गुणा: वर्तन्ते इति एव य: अवतिष्ठति न इङ्गते

CHAPTER 14

14.24 समदुःखसुखः स्वस्थः समलोष्टाश्मकाञ्चनः ।
तुल्यप्रियाप्रियो धीरः तुल्यनिन्दात्मसंस्तुतिः ॥

सम-दुःख-सुखः स्वस्थः सम-लोष्टाश्म-काञ्चनः तुल्य-प्रियाप्रियः धीरः तुल्य-निन्दात्म-संस्तुतिः

14.25 मानापमानयोस्तुल्यः तुल्यो मित्रारिपक्षयोः ।
सर्वारम्भपरित्यागी गुणातीतः स उच्यते ॥

मानापमानयोः तुल्यः तुल्यः मित्रारि-पक्षयोः सर्वारम्भ-परित्यागी गुणातीतः सः उच्यते

14.26 मां च योऽव्यभिचारेण भक्तियोगेन सेवते ।
स गुणान्समतीत्यैतान् ब्रह्मभूयाय कल्पते ॥

माम् च यः अ-व्यभिचारेण भक्ति-योगेन सेवते सः गुणान् समतीत्य एतान् ब्रह्म-भूयाय कल्पते

14.27 ब्रह्मणो हि प्रतिष्ठाहम् अमृतस्याव्ययस्य च ।
शाश्वतस्य च धर्मस्य सुखस्यैकान्तिकस्य च ॥

ब्रह्मणः हि प्रतिष्ठा अहम् अमृतस्य अव्ययस्य च शाश्वतस्य च धर्मस्य सुखस्य ऐकान्तिकस्य च

इति श्रीमद्भगवद्गीतासूपनिषत्सु ब्रह्मविद्यायां योगशास्त्रे
श्रीकृष्णार्जुनसंवादे गुणत्रयविभागयोगो नाम चतुर्दशोऽध्यायः ।

इति श्रीमद्-भगवद्-गीतासु उपनिषत्सु ब्रह्म-विद्यायां योग-शास्त्रे श्रीकृष्ण-अर्जुन-संवादे गुणत्रयविभागयोगः
नाम चतुर्दशः अध्यायः ।

CHAPTER 15
पञ्चदशोऽध्यायः

पुरुषोत्तमयोगः
THE YOGA PERTAINING TO "THE SUPREME BEING"

श्रीभगवानुवाच

15.1 ऊर्ध्वमूलमधःशाखम् अश्वत्थं प्राहुरव्ययम् ।
छन्दांसि यस्य पर्णानि यस्तं वेद स वेदवित् ।।

उर्ध्व-मूलम् अधः-शाखम् अश्वत्थम् प्राहुः अ-व्ययम् छन्दांसि यस्य पर्णानि यः तम् वेद सः वेद-वित्

15.2 अधश्चोर्ध्वं प्रसृतास्तस्य शाखा गुणप्रवृद्धा विषयप्रवालाः ।
अधश्च मूलान्यनुसन्ततानि कर्मानुबन्धीनि मनुष्यलोके ।।

अधः चः उर्ध्वम् प्रसृताः तस्य शाखाः गुण-प्रवृद्धाः विषय-प्रवालाः
अधः च मूलानि अनुसन्ततानि कर्मानुबन्धीनि मनुष्य-लोके

15.3 न रूपमस्येह तथोपलभ्यते नान्तो न चादिर्न च सम्प्रतिष्ठा ।
अश्वत्थमेनं सुविरूढमूलम् असङ्गशस्त्रेण दृढेन छित्त्वा ।।

न रूपम् अस्य इह तथाः उपलभ्यते न अन्तः न च आदिः न च सम्प्रतिष्ठा
अश्वत्थम् एनम् सु-विरूढ-मूलम् असङ्ग-शस्त्रेण दृढेन छित्त्वा

15.4 ततः पदं तत्परिमार्गितव्यं यस्मिन्गता न निवर्तन्ति भूयः ।
तमेव चाद्यं पुरुषं प्रपद्ये यतः प्रवृत्तिः प्रसृता पुराणी ।।

ततः पदम् तत् परिमार्गितव्यम् यस्मिन् गताः न निवर्तन्ति भूयः
तम् एव च आद्यम् पुरुषम् प्रपद्ये यतः प्रवृत्तिः प्रसृता पुराणी

15.5 निर्मानमोहा जितसङ्गदोषा अध्यात्मनित्या विनिवृत्तकामाः ।
द्वन्द्वैर्विमुक्ताः सुखदुःखसंज्ञैः गच्छन्त्यमूढाः पदमव्ययं तत् ।।

निर्मान-मोहाः जित-सङ्ग-दोषाः अध्यात्म-नित्याः विनिवृत्त-कामाः
द्वन्द्वैः विमुक्ताः सुख-दुःख-संज्ञैः गच्छन्ति अमूढाः पदम् अ-व्ययम् तत्

CHAPTER 15

15.6 न तद्भासयते सूर्यो न शशाङ्को न पावकः ।
यद्गत्वा न निवर्तन्ते तद्धाम परमं मम ॥

न तत् भासयते सूर्य: न शशाङ्क: न पावक: यत् गत्वा न निवर्तन्ते तत् धाम परमम् मम

15.7 ममैवांशो जीवलोके जीवभूतः सनातनः ।
मनःषष्ठानीन्द्रियाणि प्रकृतिस्थानि कर्षति ॥

मम एव अंश: जीव-लोके जीव-भूत: सनातन: मन:-षष्ठानि इन्द्रियाणि प्रकृतिस्थानि कर्षति

15.8 शरीरं यदवाप्नोति यच्चाप्युत्क्रामतीश्वरः ।
गृहीत्वैतानि संयाति वायुर्गन्धानिवाशयात् ॥

शरीरम् यत् अवाप्नोति यत् च अपि: उत्क्रामति ईश्वर: गृहीत्वा एतानि संयाति वायु: गन्धान् इव आशयात्

15.9 श्रोत्रं चक्षुः स्पर्शनं च रसनं घ्राणमेव च ।
अधिष्ठाय मनश्चायं विषयानुपसेवते ॥

श्रोत्रम् चक्षु: स्पर्शनम् च रसनम् घ्राणम् एव च अधिष्ठाय मन: च अयम् विषयान् उपसेवते

15.10 उत्क्रामन्तं स्थितं वापि भुञ्जानं वा गुणान्वितम् ।
विमूढा नानुपश्यन्ति पश्यन्ति ज्ञानचक्षुषः ॥

यतन्त: योगिन: च एनम् पश्यन्ति आत्मनि अवस्थितम् यतन्त: अपि अकृतात्मान: न एनम् पश्यन्ति अचेतस:

15.11 यतन्तो योगिनश्चैनं पश्यन्त्यात्मन्यवस्थितम् ।
यतन्तोऽप्यकृतात्मानो नैनं पश्यन्त्यचेतसः ॥

यत् आदित्य-गतम् तेज: जगत् भासयते अखिलम् यत् चन्द्रमसि यत् च अग्नौ तत् तेज: विद्धि मामकम्

15.12 यदादित्यगतं तेजो जगद्भासयतेऽखिलम् ।
यच्चन्द्रमसि यच्चाग्नौ तत्तेजो विद्धि मामकम् ॥

गाम् आविश्य च भूतानि धारयामि अहम् ओजसा पुष्णामि च ओषधी: सर्वा: सोम: भूत्वा रसात्मक:

15.13 गामाविश्य च भूतानि धारयाम्यहमोजसा ।
पुष्णामि चौषधीः सर्वाः सोमो भूत्वा रसात्मकः ।।

गाम् आविश्य च भूतानि धारयामि अहम् ओजसा पुष्णामि च ओषधीः सर्वाः सोमः भूत्वा रसात्मकः

15.14 अहं वैश्वानरो भूत्वा प्राणिनां देहमाश्रितः ।
प्राणापानसमायुक्तः पचाम्यन्नं चतुर्विधम् ।।

अहम् वैश्वानरः भूत्वा प्राणिनाम् देहम् आश्रितः प्राणापान-समायुक्तः पचामि अन्नम् चतुर्विधम्

15.15 सर्वस्य चाहं हृदि सन्निविष्टो मत्तः स्मृतिर्ज्ञानमपोहनं च ।
वेदैश्च सर्वैरहमेव वेद्यो वेदान्तकृद्वेदविदेव चाहम् ।।

सर्वस्य च अहम् हृदि सन्निविष्टः मत्तः स्मृतिः ज्ञानम् अपोहनम् च
वेदैः च सर्वैः अहम् एव वेद्यः वेदान्त-कृत् वेद-वित् एव च अहम्

15.16 द्वाविमौ पुरुषौ लोके क्षरश्चाक्षर एव च ।
क्षरः सर्वाणि भूतानि कूटस्थोऽक्षर उच्यते ।।

द्वौ इमौ पुरुषौ लोके क्षरः च अ-क्षरः एव च क्षरः सर्वाणि भूतानि कूट-स्थः अ-क्षरः उच्यते

15.17 उत्तमः पुरुषस्त्वन्यः परमात्मेत्युदाहृतः ।
यो लोकत्रयमाविश्य बिभर्त्यव्यय ईश्वरः ।।

उत्तमः पुरुषः तु अन्यः परमात्मा इतिः उदाहृतः यः लोक-त्रयम् आविश्य बिभर्ति अ-व्ययः ईश्वरः

15.18 यस्मात्क्षरमतीतोऽहम् अक्षरादपि चोत्तमः ।
अतोऽस्मि लोके वेदे च प्रथितः पुरुषोत्तमः ।।

यस्मात् क्षरम् अतीतः अहम् अ-क्षरात् अपि चः उत्तमः अतः अस्मि लोके वेदे च प्रथितः पुरुषोत्तमः

15.19 यो मामेवमसम्मूढो जानाति पुरुषोत्तमम् ।
स सर्वविद्भजति मां सर्वभावेन भारत ।।

यः माम् एवम् अ-सम्मूढः जानाति पुरुषोत्तमम् सः सर्व-विद् भजति माम् सर्व-भावेन भारत

15.20 इति गुह्यतमं शास्त्रम् इदमुक्तं मयानघ ।

CHAPTER 16

एतद्बुद्ध्वा बुद्धिमान्स्यात्	कृतकृत्यश्च भारत ॥

इति गुह्यतमम् शास्त्रम् इदम् उक्तम् मया अनघ एतत् बुद्ध्वा बुद्धिमान् स्यात् कृत-कृत्य: च भारत

इति श्रीमद्भगवद्गीतासूपनिषत्सु ब्रह्मविद्यायां योगशास्त्रे
श्रीकृष्णार्जुनसंवादे पुरुषोत्तमयोगो नाम पञ्चदशोऽध्यायः ।

इति श्रीमद् भगवद्-गीतासु उपनिषत्सु ब्रह्म-विद्यायां योग-शास्त्रे श्रीकृष्ण-अर्जुन संवादे पुरुषोत्तमयोग: नाम पञ्चदश: अध्याय: ।

CHAPTER 16
षोडशोऽध्यायः

दैवासुरसंपद्विभागयोगः
THE YOGA PERTAINING TO
"THE DIVINE AND DEMONIC ATTITUDES"

श्रीभगवानुवाच

16.1 अभयं सत्त्वसंशुद्धिः	ज्ञानयोगव्यवस्थितिः ।
दानं दमश्च यज्ञश्च	स्वाध्यायस्तप आर्जवम् ॥

अ-भयम् सत्त्व-संशुद्धि: ज्ञान-योग-व्यवस्थिति: दानम् दम: च यज्ञ: च स्वाध्याय: तप: आर्जवम्

16.2 अहिंसा सत्यमक्रोधः	त्यागः शान्तिरपैशुनम् ।
दया भूतेष्वलोलुप्त्वं	मार्दवं ह्रीरचापलम् ॥

अ-हिंसा सत्यम् अ-क्रोध: त्याग: शान्ति: अ-पैशुनम् दया भूतेषु अ-लोलुप्त्वम् मार्दवम् ह्री: अ-चापलम्

16.3 तेजः क्षमा धृतिः शौचम्	अद्रोहो नातिमानिता ।
भवन्ति सम्पदं दैवीम्	अभिजातस्य भारत ॥

तेज: क्षमा धृति: शौचम् अ-द्रोह: नातिमानिता भवन्ति सम्पदम् दैवीम् अभिजातस्य भारत

16.4 दम्भो दर्पोऽभिमानश्च	क्रोधः पारुष्यमेव च ।

अज्ञानं चाभिजातस्य पार्थ सम्पदमासुरीम् ।।

दम्भः दर्पः अभिमानः च क्रोधः पारुष्यम् एव च अ-ज्ञानम् च अभिजातस्य पार्थ सम्पदम् आसुरीम्

16.5 दैवी सम्पद्विमोक्षाय निबन्धायासुरी मता ।
मा शुचः सम्पदं दैवीम् अभिजातोऽसि पाण्डव ।।

दैवी सम्पत् विमोक्षाय निबन्धाय आसुरी मता मा शुचः सम्पदम् दैवीम् अभिजातः असि पाण्डव

16.6 द्वौ भूतसर्गौ लोकेऽस्मिन् दैव आसुर एव च ।
दैवो विस्तरशः प्रोक्त आसुरं पार्थ मे शृणु ।।

द्वौ भूत-सर्गौ लोके अस्मिन् दैवः आसुरः एव च दैवः विस्तरशः प्रोक्तः आसुरम् पार्थ मे शृणु

16.7 प्रवृत्तिं च निवृत्तिं च जना न विदुरासुराः ।
न शौचं नापि चाचारो न सत्यं तेषु विद्यते ।।

प्रवृत्तिम् च निवृत्तिम् च जनाः न विदुः आसुराः न शौचम् न अपि च आचारः न सत्यम् तेषु विद्यते

16.8 असत्यमप्रतिष्ठं ते जगदाहुरनीश्वरम् ।
अपरस्परसम्भूतं किमन्यत्कामहैतुकम् ।।

अ-सत्यम् अ-प्रतिष्ठम् ते जगत् आहुः अ-नीश्वरम् अ-परस्पर-सम्भूतम् किम् अन्यत् काम-हैतुकम्

16.9 एतां दृष्टिमवष्टभ्य नष्टात्मानोऽल्पबुद्धयः ।
प्रभवन्त्युग्रकर्माणः क्षयाय जगतोऽहिताः ।।

एताम् दृष्टिम् अवष्टभ्य नष्टात्मानः अल्प-बुद्धयः प्रभवन्तिः उग्र-कर्माणः क्षयाय जगतः अहिताः

16.10 काममाश्रित्य दुष्पूरं दम्भमानमदान्विताः ।
मोहाद्गृहीत्वासद्ग्राहान् प्रवर्तन्तेऽशुचिव्रताः ।।

कामम् आश्रित्य दुष्पूरम् दम्भ-मान-मदान्विताः मोहात् गृहीत्वा अ-सद्ग्राहान् प्रवर्तन्ते अ-शुचि-व्रताः

16.11 चिन्तामपरिमेयां च प्रलयान्तामुपाश्रिताः ।
कामोपभोगपरमा एतावदिति निश्चिताः ।।

चिन्ताम् अ-परिमेयाम् च प्रलयान्ताम् उपाश्रिताः कामोपभोग-परमाः एतावत् इति निश्चिताः

CHAPTER 16

16.12 आशापाशशतैर्बद्धाः कामक्रोधपरायणाः ।
ईहन्ते कामभोगार्थम् अन्यायेनार्थसञ्चयान् ।।
आशा-पाश-शतै: बद्धा: काम-क्रोध-परायणा: ईहन्ते काम-भोगार्थम् अ-न्यायेन अर्थ-सञ्चयान्

16.13 इदमद्य मया लब्धम् इमं प्राप्स्ये मनोरथम् ।
इदमस्तीदमपि मे भविष्यति पुनर्धनम् ।।
इदम् अद्य मया लब्धम् इम् प्राप्स्ये मनो-रथम् इदम् अस्ति इदम् अपि मे भविष्यति पुनर्धनम्

16.14 असौ मया हतः शत्रुः हनिष्ये चापरानपि ।
ईश्वरोऽहमहं भोगी सिद्धोऽहं बलवान्सुखी ।।
असौ मया हत: शत्रु: हनिष्ये च अपरान् अपि ईश्वर: अहम् अहम् भोगी सिद्ध: अहम् बलवान् सुखी

16.15 आढ्योऽभिजनवानस्मि कोऽन्योऽस्ति सदृशो मया ।
यक्ष्ये दास्यामि मोदिष्य इत्यज्ञानविमोहिताः ।।
आढ्य: अभिजनवान् अस्मि क: अन्य: अस्ति सदृश: मया यक्ष्ये दास्यामि मोदिष्ये इति अज्ञान-विमोहिता:

16.16 अनेकचित्तविभ्रान्ता मोहजालसमावृताः ।
प्रसक्ताः कामभोगेषु पतन्ति नरकेऽशुचौ ।।
अनेक-चित्त-विभ्रान्ता: मोह-जाल-समावृता: प्रसक्ता: काम-भोगेषु पतन्ति नरके अ-शुचौ

16.17 आत्मसम्भाविताः स्तब्धा धनमानमदान्विताः ।
यजन्ते नामयज्ञैस्ते दम्भेनाविधिपूर्वकम् ।।
आत्म-सम्भाविता: स्तब्धा: धन-मान-मदान्विता: यजन्ते नाम-यज्ञै: ते दम्भेन अ-विधि-पूर्वकम्

16.18 अहङ्कारं बलं दर्पं कामं क्रोधं च संश्रिताः ।
मामात्मपरदेहेषु प्रद्विषन्तोऽभ्यसूयकाः ।।
अहङ्कारम् बलम् दर्पम् कामम् क्रोधम् च संश्रिता: माम् आत्म-पर-देहेषु प्रद्विषन्त: अभ्यसूयका:

16.19 तानहं द्विषतः क्रूरान् संसारेषु नराधमान् ।
क्षिपाम्यजस्रमशुभान् आसुरीष्वेव योनिषु ।।

तान् अहम् द्विषतः क्रूरान् संसारेषु नराधमान् क्षिपामि अजस्रम् अ-शुभान् आसुरीषु एव योनिषु

16.20 आसुरीं योनिमापन्ना मूढा जन्मनि जन्मनि ।
मामप्राप्यैव कौन्तेय ततो यान्त्यधमां गतिम् ॥

आसुरीम् योनिम् आपन्नाः मूढाः जन्मनि जन्मनि माम् अ-प्राप्य एव कौन्तेय ततः यान्ति अधमाम् गतिम्

16.21 त्रिविधं नरकस्येदं द्वारं नाशनमात्मनः ।
कामः क्रोधस्तथा लोभः तस्मादेतत्त्रयं त्यजेत् ॥

त्रि-विधम् नरकस्य इदम् द्वारम् नाशनम् आत्मनः कामः क्रोधः तथा लोभः तस्मात् एतत् त्रयम् त्यजेत्

16.22 एतैर्विमुक्तः कौन्तेय तमोद्वारैस्त्रिभिर्नरः ।
आचरत्यात्मनः श्रेयः ततो याति परां गतिम् ॥

एतैः विमुक्तः कौन्तेय तमोद्वारैः त्रिभिः नरः आचरति आत्मनः श्रेयः ततः याति पराम् गतिम्

16.23 यः शास्त्रविधिमुत्सृज्य वर्तते कामकारतः ।
न स सिद्धिमवाप्नोति न सुखं न परां गतिम् ॥

यः शास्त्र-विधिम् उत्सृज्य वर्तते काम-कारतः न सः सिद्धिम् अवाप्नोति न सुखम् न पराम् गतिम्

16.24 तस्माच्छास्त्रं प्रमाणं ते कार्याकार्यव्यवस्थितौ ।
ज्ञात्वा शास्त्रविधानोक्तं कर्म कर्तुमिहार्हसि ॥

तस्मात् शास्त्रम् प्रमाणम् ते कार्याकार्य-व्यवस्थितौ ज्ञात्वा शास्त्र-विधानोक्तम् कर्म कर्तुम् इह अर्हसि

इति श्रीमद्भगवद्गीतासूपनिषत्सु ब्रह्मविद्यायां योगशास्त्रे
श्रीकृष्णार्जुनसंवादे दैवासुरसम्पद्विभागयोगो नाम षोडषोऽध्यायः ।

इति श्रीमद् भगवद्-गीतासु उपनिषत्सु ब्रह्म-विद्यायां योग-शास्त्रे श्रीकृष्ण-अर्जुन संवादे दैवासुरसम्पद्विभागयोगः नाम षोडषः अध्यायः ।

CHAPTER 17

CHAPTER 17
सप्तदशोऽध्यायः

श्रद्धात्रयविभागयोगः
THE YOGA PERTAINING TO "THE THREE FORMS OF FAITH"

अर्जुन उवाच

17.1 ये शास्त्रविधिमुत्सृज्य यजन्ते श्रद्धयान्विताः ।
तेषां निष्ठा तु का कृष्ण सत्त्वमाहो रजस्तमः ॥

ये शास्त्र-विधिम् उत्सृज्य यजन्ते श्रद्धया अन्विताः तेषाम् निष्ठा तु का कृष्ण सत्त्वम् आहो रजः तमः

श्रीभगवानुवाच

17.2 त्रिविधा भवति श्रद्धा देहिनां सा स्वभावजा ।
सात्त्विकी राजसी चैव तामसी चेति तां शृणु ॥

त्रि-विधा भवति श्रद्धा देहिनाम् सा स्वभावजा सात्त्विकी राजसी च एव तामसी च इति ताम् शृणु

17.3 सत्त्वानुरूपा सर्वस्य श्रद्धा भवति भारत ।
श्रद्धामयोऽयं पुरुषो यो यच्छ्रद्धः स एव सः ॥

सत्त्वानुरूपा सर्वस्य श्रद्धा भवति भारत श्रद्धामयः अयम् पुरुषः यः यत् श्रद्धः सः एव सः

17.4 यजन्ते सात्त्विका देवान् यक्षरक्षांसि राजसाः ।
प्रेतान्भूतगणांश्चान्ये यजन्ते तामसा जनाः ॥

यजन्ते सात्त्विकाः देवान् यक्ष-रक्षांसि राजसाः प्रेतान् भूत-गणान् च अन्ये यजन्ते तामसाः जनाः

17.5 अशास्त्रविहितं घोरं तप्यन्ते ये तपो जनाः ।
दम्भाहङ्कारसंयुक्ताः कामरागबलान्विताः ॥

अ-शास्त्र-विहितम् घोरम् तप्यन्ते ये तपः जनाः दम्भाहङ्कार-संयुक्ताः काम-राग-बलान्विताः

17.6 कर्षयन्तः शरीरस्थं भूतग्राममचेतसः ।
मां चैवान्तःशरीरस्थं तान्विद्ध्यासुरनिश्चयान् ॥

कर्षयन्तः शरीरस्थम् भूत-ग्रामम् अ-चेतसः माम् च एव अन्तः-शरीर-स्थम् तान् विद्धि आसुर-निश्चयान्

CHAPTER 17

17.7 आहारस्त्वपि सर्वस्य त्रिविधो भवति प्रियः ।
यज्ञस्तपस्तथा दानं तेषां भेदमिमं शृणु ।।

आहारः तु अपि सर्वस्य त्रि-विधः भवति प्रियः यज्ञः तपः तथा दानम् तेषाम् भेदम् इमम् शृणु

17.8 आयुःसत्त्वबलारोग्य- -सुखप्रीतिविवर्धनाः ।
रस्याः स्निग्धाः स्थिरा हृद्या आहाराः सात्त्विकप्रियाः ।।

आयुः-सत्त्व-बलारोग्य-सुख-प्रीति-विवर्धनाः रस्याः स्निग्धाः स्थिराः हृद्याः आहाराः सात्त्विक-प्रियाः

17.9 कट्वम्ललवणात्युष्ण- -तीक्ष्णरूक्षविदाहिनः ।
आहारा राजसस्येष्टा दुःखशोकामयप्रदाः ।।

कट्वम्ल-लवणात्युष्ण-तीक्ष्ण-रूक्ष-विदाहिनः आहाराः राजसस्य इष्टाः दुःख-शोकामय-प्रदाः

17.10 यातयामं गतरसं पूति पर्युषितं च यत् ।
उच्छिष्टमपि चामेध्यं भोजनं तामसप्रियम् ।।

यात-यामम् गत-रसम् पूति पर्युषितम् च यत् उच्छिष्टम् अपि च अ-मेध्यम् भोजनम् तामस-प्रियम्

17.11 अफलाकाङ्क्षिभिर्यज्ञो विधिदृष्टो य इज्यते ।
यष्टव्यमेवेति मनः समाधाय स सात्त्विकः ।।

अ-फलाकाङ्क्षिभिः यज्ञः विधि-दृष्टः यः इज्यते यष्टव्यम् एव इति मनः समाधाय सः सात्त्विकः

17.12 अभिसन्धाय तु फलं दम्भार्थमपि चैव यत् ।
इज्यते भरतश्रेष्ठ तं यज्ञं विद्धि राजसम् ।।

अभिसन्धाय तु फलम् दम्भार्थम् अपि च एव यत् इज्यते भरत-श्रेष्ठ तम् यज्ञम् विद्धि राजसम्

17.13 विधिहीनमसृष्टान्नं मन्त्रहीनमदक्षिणम् ।
श्रद्धाविरहितं यज्ञं तामसं परिचक्षते ।।

विधि-हीनम् अ-सृष्टान्नम् मन्त्र-हीनम् अ-दक्षिणम् श्रद्धा-विरहितम् यज्ञम् तामसम् परिचक्षते

17.14 देवद्विजगुरुप्राज्ञ- -पूजनं शौचमार्जवम् ।
ब्रह्मचर्यमहिंसा च शारीरं तप उच्यते ।।

CHAPTER 17

देव-द्विज-गुरु-प्राज्ञ-पूजनम् शौचम् आर्जवम् ब्रह्मचर्यम् अहिंसा च शारीरम् तप: उच्यते

17.15 अनुद्वेगकरं वाक्यं सत्यं प्रियहितं च यत् ।
स्वाध्यायाभ्यसनं चैव वाङ्मयं तप उच्यते ॥

अनुद्वेग-करम् वाक्यम् सत्यम् प्रिय-हितम् च यत् स्वाध्यायाभ्यसनम् च एव वाङ्मयम् तप: उच्यते

17.16 मनःप्रसादः सौम्यत्वं मौनमात्मविनिग्रहः ।
भावसंशुद्धिरित्येतत् तपो मानसमुच्यते ॥

मन:-प्रसाद: सौम्यत्वम् मौनम् आत्म-विनिग्रह: भाव-संशुद्धि: इति एतत् तप: मानसम् उच्यते

17.17 श्रद्धया परया तप्तं तपस्तत्त्रिविधं नरैः ।
अफलाकाङ्क्षिभिर्युक्तैः सात्त्विकं परिचक्षते ॥

श्रद्धया परया तप्तम् तप: तत् त्रि-विधम् नरै: अ-फलाकाङ्क्षिभि: युक्तै: सात्त्विकम् परिचक्षते

17.18 सत्कारमानपूजार्थं तपो दम्भेन चैव यत् ।
क्रियते तदिह प्रोक्तं राजसं चलमध्रुवम् ॥

सत्कार-मान-पूजार्थम् तप: दम्भेन च एव यत् क्रियते तत् इह प्रोक्तम् राजसम् चलम् अ-ध्रुवम्

17.19 मूढग्राहेणात्मनो यत् पीडया क्रियते तपः ।
परस्योत्सादनार्थं वा तत्तामसमुदाहृतम् ॥

मूढ-ग्राहेण आत्मन: यत् पीडया क्रियते तप: परस्य: उत्सादनार्थम् वा तत् तामसम् उदाहृतम्

17.20 दातव्यमिति यद्दानं दीयतेऽनुपकारिणे ।
देशे काले च पात्रे च तद्दानं सात्त्विकं स्मृतम् ॥

दातव्यम् इति यत् दानम् दीयते अनुपकारिणे देशे काले च पात्रे च तत् दानम् सात्त्विकम् स्मृतम्

17.21 यत्तु प्रत्युपकारार्थं फलमुद्दिश्य वा पुनः ।
दीयते च परिक्लिष्टं तद्दानं राजसं स्मृतम् ॥

यत् तु प्रत्युपकारार्थम् फलम् उद्दिश्य वा पुन: दीयते च परिक्लिष्टम् तत् दानम् राजसम् स्मृतम्

17.22 अदेशकाले यद्दानम् अपात्रेभ्यश्च दीयते ।

असत्कृतमवज्ञातं　　　　तत्तामसमुदाहृतम् ॥
अ-देश-काले यत् दानम् अ-पात्रेभ्य: च दीयते अ-सत्कृतम् अवज्ञातम् तत् तामसम् उदाहृतम्

17.23 ॐ तत्सदिति निर्देशो　　　　ब्रह्मणस्त्रिविधः स्मृतः ।
ब्राह्मणास्तेन वेदाश्च　　　　यज्ञाश्च विहिताः पुरा ॥
ॐ तत् सत् इति निर्देश: ब्रह्मण: त्रिविध: स्मृत: ब्राह्मणा: तेन वेदा: च यज्ञा: च विहिता: पुरा

17.24 तस्मादोमित्युदाहृत्य　　　　यज्ञदानतपःक्रियाः ।
प्रवर्तन्ते विधानोक्ताः　　　　सततं ब्रह्मवादिनाम् ॥
तस्मात् ॐ इति: उदाहृत्य यज्ञ-दान-तप:-क्रिया: प्रवर्तन्ते विधानोक्ता: सततम् ब्रह्म-वादिनाम्

17.25 तदित्यनभिसन्धाय　　　　फलं यज्ञतपःक्रियाः ।
दानक्रियाश्च विविधाः　　　　क्रियन्ते मोक्षकाङ्क्षिभिः ॥
तत् इति अनभिसन्धाय फलम् यज्ञ-तप:-क्रिया: दान-क्रिया: च विविधा: क्रियन्ते मोक्ष-काङ्क्षिभि:

17.26 सद्भावे साधुभावे च　　　　सदित्येतत्प्रयुज्यते ।
प्रशस्ते कर्मणि तथा　　　　सच्छब्दः पार्थ युज्यते ॥
सद्भावे साधु-भावे च सत् इति एतत् प्रयुज्यते प्रशस्ते कर्मणि तथा सत् शब्द: पार्थ युज्यते

17.27 यज्ञे तपसि दाने च　　　　स्थितिः सदिति चोच्यते ।
कर्म चैव तदर्थीयं　　　　सदित्येवाभिधीयते ॥
यज्ञे तपसि दाने च स्थिति: सत् इति च: उच्यते कर्म च एव तदर्थीयम् सत् इति एव अभिधीयते

17.28 अश्रद्धया हुतं दत्तं　　　　तपस्तप्तं कृतं च यत् ।
असदित्युच्यते पार्थ　　　　न च तत्प्रेत्य नो इह ॥
अश्रद्धया हुतम् दत्तम् तप: तप्तम् कृतम् च यत् असत् इति: उच्यते पार्थ न च तत् प्रेत्य नो इह

इति श्रीमद्भगवद्गीतासूपनिषत्सु ब्रह्मविद्यायां योगशास्त्रे
श्रीकृष्णार्जुनसंवादे श्रद्धात्रयविभागयोगो नाम सप्तदशोऽध्यायः ।

इति श्रीमद्-भगवद्-गीतासु उपनिषत्सु ब्रह्म-विद्यायां योग-शास्त्रे श्रीकृष्ण-अर्जुन-संवादे श्रद्धात्रयविभागयोग: नाम सप्तदश: अध्याय: ।

CHAPTER 18

CHAPTER 18
अष्टादशोऽध्यायः

मोक्षसंन्यासयोगः
THE YOGA PERTAINING TO "THE RENUNCIATION AND LIBERATION"

अर्जुन उवाच

18.1 संन्यासस्य महाबाहो तत्त्वमिच्छामि वेदितुम् ।
त्यागस्य च हृषीकेश पृथक्केशिनिषूदन ॥

संन्यासस्य महाबाहो तत्त्वम् इच्छामि वेदितुम् त्यागस्य च हृषीकेश पृथक् केशिनिषूदन

श्रीभगवानुवाच

18.2 काम्यानां कर्मणां न्यासं संन्यासं कवयो विदुः ।
सर्वकर्मफलत्यागं प्राहुस्त्यागं विचक्षणाः ॥

काम्यानाम् कर्मणाम् न्यासम् संन्यासम् कवयः विदुः सर्व-कर्म-फल-त्यागम् प्राहुः त्यागम् विचक्षणाः

18.3 त्याज्यं दोषवदित्येके कर्म प्राहुर्मनीषिणः ।
यज्ञदानतपःकर्म न त्याज्यमिति चापरे ॥

त्याज्यम् दोषवत् इति एके कर्म प्राहुः मनीषिणः यज्ञ-दान-तपः-कर्म न त्याज्यम् इति च अपरे

18.4 निश्चयं शृणु मे तत्र त्यागे भरतसत्तम ।
त्यागो हि पुरुषव्याघ्र त्रिविधः सम्प्रकीर्तितः ॥

निश्चयं शृणु मे तत्र त्यागे भरतसत्तम । त्यागः हि पुरुष-व्याघ्र त्रि-विधः सम्प्रकीर्तितः ॥

18.5 यज्ञदानतपःकर्म न त्याज्यं कार्यमेव तत् ।
यज्ञो दानं तपश्चैव पावनानि मनीषिणाम् ॥

यज्ञ-दान-तपः-कर्म न त्याज्यम् कार्यम् एव तत् यज्ञः दानम् तपः च एव पावनानि मनीषिणाम्

18.6 एतान्यपि तु कर्माणि सङ्गं त्यक्त्वा फलानि च ।

CHAPTER 18

कर्तव्यानीति मे पार्थ निश्चितं मतमुत्तमम् ॥
एतानि अपि तु कर्माणि सङ्गम् त्यक्त्वा फलानि च कर्तव्यानि इति मे पार्थ निश्चितम् मतम् उत्तमम्

18.7 नियतस्य तु संन्यासः कर्मणो नोपपद्यते ।
मोहात्तस्य परित्यागः तामसः परिकीर्तितः ॥
कार्यम् इति एव यत् कर्म नियतम् क्रियते अर्जुन सङ्गम् त्यक्त्वा फलम् च एव स: त्याग: सात्त्विक: मत:

18.8 दुःखमित्येव यत्कर्म कायक्लेशभयात्त्यजेत् ।
स कृत्वा राजसं त्यागं नैव त्यागफलं लभेत् ॥
दु:खम् इति एव यत् कर्म काय-क्लेश-भयात् त्यजेत् स: कृत्वा राजसम् त्यागम् न एव त्याग-फलम् लभेत्

18.9 कार्यमित्येव यत्कर्म नियतं क्रियतेऽर्जुन ।
सङ्गं त्यक्त्वा फलं चैव स त्यागः सात्त्विको मतः ॥
कार्यम् इति एव यत् कर्म नियतम् क्रियते अर्जुन सङ्गम् त्यक्त्वा फलम् च एव स: त्याग: सात्त्विक: मत:

18.10 न द्वेष्ट्यकुशलं कर्म कुशले नानुषज्जते ।
त्यागी सत्त्वसमाविष्टो मेधावी छिन्नसंशयः ॥
न द्वेष्टि अ-कुशलम् कर्म कुशले न अनुषज्जते त्यागी सत्त्व-समाविष्ट: मेधावी छिन्न-संशय:

18.11 न हि देहभृता शक्यं त्यक्तुं कर्माण्यशेषतः ।
यस्तु कर्मफलत्यागी स त्यागीत्यभिधीयते ॥
न हि देह-भृता शक्यम् त्यक्तुम् कर्माणि अ-शेषत: य: तु कर्म-फल-त्यागी स: त्यागी इति अभिधीयते

18.12 अनिष्टमिष्टं मिश्रं च त्रिविधं कर्मणः फलम् ।
भवत्यत्यागिनां प्रेत्य न तु संन्यासिनां क्वचित् ॥
अनिष्टम् इष्टम् मिश्रम् च त्रि-विधम् कर्मण: फलम् भवति अ-त्यागिनाम् प्रेत्य न तु संन्यासिनाम् क्वचित्

18.13 पञ्चैतानि महाबाहो कारणानि निबोध मे ।
साङ्ख्ये कृतान्ते प्रोक्तानि सिद्धये सर्वकर्मणाम् ॥
पञ्च एतानि महाबाहो कारणानि निबोध मे साङ्ख्ये कृतान्ते प्रोक्तानि सिद्धये सर्व-कर्मणाम्

CHAPTER 18

18.14 अधिष्ठानं तथा कर्ता करणं च पृथग्विधम् ।
विविधाश्च पृथक्चेष्टा दैवं चैवात्र पञ्चमम् ॥
अधिष्ठानम् तथा कर्ता करणम् च पृथग्विधम् विविधा: च पृथक् चेष्टा: दैवम् च एव अत्र पञ्चमम्

18.15 शरीरवाङ्मनोभिर्यत् कर्म प्रारभते नरः ।
न्याय्यं वा विपरीतं वा पञ्चैते तस्य हेतवः ॥
शरीर-वाङ्मनोभि: यत् कर्म प्रारभते नर: न्याय्यम् वा विपरीतम् वा पञ्च एते तस्य हेतव:

18.16 तत्रैवं सति कर्तारम् आत्मानं केवलं तु यः ।
पश्यत्यकृतबुद्धित्वात् न स पश्यति दुर्मतिः ॥
तत्र एवम् सति कर्तारम् आत्मानम् केवलम् तु य: पश्यति अकृत-बुद्धित्वात् न स: पश्यति दुर्मति:

18.17 यस्य नाहङ्कृतो भावो बुद्धिर्यस्य न लिप्यते ।
हत्वापि स इमाँल्लोकान् न हन्ति न निबध्यते ॥
यस्य न अहंकृत: भाव: बुद्धि: यस्य न लिप्यते हत्वा अपि स: इमान् लोकान् न हन्ति न निबध्यते

18.18 ज्ञानं ज्ञेयं परिज्ञाता त्रिविधा कर्मचोदना ।
करणं कर्म कर्तेति त्रिविधः कर्मसङ्ग्रहः ॥
ज्ञानम् ज्ञेयम् परिज्ञाता त्रि-विधा कर्म-चोदना करणम् कर्म कर्ता इति त्रि-विध: कर्म-सङ्ग्रह:

18.19 ज्ञानं कर्म च कर्ता च त्रिधैव गुणभेदतः ।
प्रोच्यते गुणसङ्ख्याने यथावच्छृणु तान्यपि ॥
ज्ञानम् कर्म च कर्ता च त्रिधा एव गुण-भेदत: प्रोच्यते गुण-सङ्ख्याने यथावत् शृणु तानि अपि

18.20 सर्वभूतेषु येनैकं भावमव्ययमीक्षते ।
अविभक्तं विभक्तेषु तज्ज्ञानं विद्धि सात्त्विकम् ॥
सर्व-भूतेषु येन एकम् भावम् अ-व्ययम् ईक्षते अ-विभक्तम् विभक्तेषु तत् ज्ञानम् विद्धि सात्त्विकम्

18.21 पृथक्त्वेन तु यज्ज्ञानं नानाभावान्पृथग्विधान् ।
वेत्ति सर्वेषु भूतेषु तज्ज्ञानं विद्धि राजसम् ॥

पृथक्त्वेन तु यत् ज्ञानम् नाना-भावान् पृथग्विधान् वेत्ति सर्वेषु भूतेषु तत् ज्ञानम् विद्धि राजसम्

18.22 यत्तु कृत्स्नवदेकस्मिन् कार्ये सक्तमहैतुकम् ।
अतत्त्वार्थवदल्पं च तत्तामसमुदाहृतम् ।।

यत् तु कृत्स्नवत् एकस्मिन् कार्ये सक्तम् अ-हैतुकम् अ-तत्त्वार्थवत् अल्पम् च तत् तामसम् उदाहृतम्

18.23 नियतं सङ्गरहितम् अरागद्वेषतः कृतम् ।
अफलप्रेप्सुना कर्म यत्तत्सात्त्विकमुच्यते ।।

नियतम् सङ्ग-रहितम् अ-राग-द्वेषतः कृतम् अ-फल-प्रेप्सुना कर्म यत् तत् सात्त्विकम् उच्यते

18.24 यत्तु कामेप्सुना कर्म साहङ्कारेण वा पुनः ।
क्रियते बहुलायासं तद्राजसमुदाहृतम् ।।

यत् तु कामेप्सुना कर्म साहङ्कारेण वा पुनः क्रियते बहुलायासम् तत् राजसम् उदाहृतम्

18.25 अनुबन्धं क्षयं हिंसाम् अनवेक्ष्य च पौरुषम् ।
मोहादारभ्यते कर्म यत्तत्तामसमुच्यते ।।

अनुबन्धम् क्षयम् हिंसाम् अनवेक्ष्य च पौरुषम् मोहात् आरभ्यते कर्म यत् तत् तामसम् उच्यते

18.26 मुक्तसङ्गोऽनहंवादी धृत्युत्साहसमन्वितः ।
सिद्ध्यसिद्ध्योर्निर्विकारः कर्ता सात्त्विक उच्यते ।।

मुक्त-सङ्गः अनहंवादी धृत्युत्साहसम् अन्वितः सिद्ध्यसिद्ध्योः निर्विकारः कर्ता सात्त्विकः उच्यते

18.27 रागी कर्मफलप्रेप्सुः र्लुब्धो हिंसात्मकोऽशुचिः ।
हर्षशोकान्वितः कर्ता राजसः परिकीर्तितः ।।

रागी कर्म-फल-प्रेप्सुः लुब्धः हिंसात्मकः अशुचिः हर्ष-शोकान्वितः कर्ता राजसः परिकीर्तितः

18.28 अयुक्तः प्राकृतः स्तब्धः शठो नैष्कृतिकोऽलसः ।
विषादी दीर्घसूत्री च कर्ता तामस उच्यते ।।

अयुक्तः प्राकृतः स्तब्धः शठः नैष्कृतिकः अलसः विषादी दीर्घ-सूत्री च कर्ता तामसः उच्यते

18.29 बुद्धेर्भेदं धृतेश्चैव गुणतस्त्रिविधं शृणु ।

प्रोच्यमानमशेषेण पृथक्त्वेन धनञ्जय ॥

बुद्धेः भेदम् धृतेः च एव गुणतः त्रि-विधम् शृणु प्रोच्यमानम् अ-शेषेण पृथक्त्वेन धनञ्जय

18.30 **प्रवृत्तिं च निवृत्तिं च कार्याकार्ये भयाभये ।**
बन्धं मोक्षं च या वेत्ति बुद्धिः सा पार्थ सात्त्विकी ॥

प्रवृत्तिम् च निवृत्तिम् च कार्याकार्ये भयाभये बन्धम् मोक्षम् च या वेत्ति बुद्धिः सा पार्थ सात्त्विकी

18.31 यया धर्ममधर्मं च कार्यं चाकार्यमेव च ।
अयथावत्प्रजानाति बुद्धिः सा पार्थ राजसी ॥

यया धर्मम् अ-धर्मम् च कार्यम् च अ-कार्यम् एव च अयथावत् प्रजानाति बुद्धिः सा पार्थ राजसी

18.32 अधर्मं धर्ममिति या मन्यते तमसावृता ।
सर्वार्थान्विपरीतांश्च बुद्धिः सा पार्थ तामसी ॥

अ-धर्मम् धर्मम् इति या मन्यते तमसा आवृता सर्वार्थान् विपरीतान् च बुद्धिः सा पार्थ तामसी

18.33 धृत्या यया धारयते मनःप्राणेन्द्रियक्रियाः ।
योगेनाव्यभिचारिण्या धृतिः सा पार्थ सात्त्विकी ॥

धृत्या यया धारयते मनः-प्राणेन्द्रिय-क्रियाः योगेन अ-व्यभिचारिण्या धृतिः सा पार्थ सात्त्विकी

18.34 यया तु धर्मकामार्थान् धृत्या धारयतेऽर्जुन ।
प्रसङ्गेन फलाकाङ्क्षी धृतिः सा पार्थ राजसी ॥

यया तु धर्म-कामार्थान् धृत्या धारयते अर्जुन प्रसङ्गेन फलाकाङ्क्षी धृतिः सा पार्थ राजसी

18.35 यया स्वप्नं भयं शोकं विषादं मदमेव च ।
न विमुञ्चति दुर्मेधा धृतिः सा पार्थ तामसी ॥

यया स्वप्नम् भयम् शोकम् विषादम् मदम् एव च न विमुञ्चति दुर्मेधाः धृतिः सा पार्थ तामसी

18.36 सुखं त्विदानीं त्रिविधं शृणु मे भरतर्षभ ।
अभ्यासाद्रमते यत्र दुःखान्तं च निगच्छति ॥

सुखम् तु इदानीम् त्रि-विधम् शृणु मे भरतर्षभ अभ्यासात् रमते यत्र दुःखान्तम् च निगच्छति

CHAPTER 18

18.37 यत्तदग्रे विषमिव परिणामेऽमृतोपमम् ।
तत्सुखं सात्त्विकं प्रोक्तम् आत्मबुद्धिप्रसादजम् ॥

यत् तत् अग्रे विषम् इव परिणामे अमृतोपमम् तत् सुखम् सात्त्विकम् प्रोक्तम् आत्म-बुद्धि-प्रसादजम्

18.38 विषयेन्द्रियसंयोगात् यत्तदग्रेऽमृतोपमम् ।
परिणामे विषमिव तत्सुखं राजसं स्मृतम् ॥

विषयेन्द्रिय-संयोगात् यत् तत् अग्रे अमृतोपमम् परिणामे विषम् इव तत् सुखम् राजसम् स्मृतम्

18.39 यदग्रे चानुबन्धे च सुखं मोहनमात्मनः ।
निद्रालस्यप्रमादोत्थं तत्तामसमुदाहृतम् ॥

यत् अग्रे च अनुबन्धे च सुखम् मोहनम् आत्मन: निद्रालस्य-प्रमादोत्थम् तत् तामसम् उदाहृतम्

18.40 न तदस्ति पृथिव्यां वा दिवि देवेषु वा पुनः ।
सत्त्वं प्रकृतिजैर्मुक्तं यदेभिः स्यात्त्रिभिर्गुणैः ॥

न तत् अस्ति पृथिव्याम् वा दिवि देवेषु वा पुन: सत्त्वम् प्रकृतिजै: मुक्तम् यत् एभि: स्यात् त्रिभि: गुणै:

18.41 ब्राह्मणक्षत्रियविशां शूद्राणां च परन्तप ।
कर्माणि प्रविभक्तानि स्वभावप्रभवैर्गुणैः ॥

ब्राह्मण-क्षत्रिय-विशाम् शूद्राणाम् च परन्तप कर्माणि प्र-विभक्तानि स्वभाव-प्रभवै: गुणै:

18.42 शमो दमस्तपः शौचं क्षान्तिरार्जवमेव च ।
ज्ञानं विज्ञानमास्तिक्यं ब्रह्मकर्म स्वभावजम् ॥

शम: दम: तप: शौचम् क्षान्ति: आर्जवम् एव च ज्ञानम् विज्ञानम् आस्तिक्यम् ब्रह्मकर्म स्वभावजम्

18.43 शौर्यं तेजो धृतिर्दाक्ष्यं युद्धे चाप्यपलायनम् ।
दानमीश्वरभावश्च क्षात्रं कर्म स्वभावजम् ॥

शौर्यम् तेज: धृति: दाक्ष्यम् युद्धे च अपि अ-पलायनम् दानम् ईश्वरभाव: च क्षात्रम् कर्म स्वभावजम्

18.44 कृषिगौरक्ष्यवाणिज्यं वैश्यकर्म स्वभावजम् ।
परिचर्यात्मकं कर्म शूद्रस्यापि स्वभावजम् ॥

कृषि-गौ-रक्ष्य-वाणिज्यं वैश्य-कर्म स्वभावजम् परिचर्यात्मकं कर्म शूद्रस्यापि स्वभावजम्

CHAPTER 18

18.45 स्वे स्वे कर्मण्यभिरतः संसिद्धिं लभते नरः ।
स्वकर्मनिरतः सिद्धिं यथा विन्दति तच्छृणु ॥

स्वे स्वे कर्मणि अभिरत: संसिद्धिम् लभते नर: स्व-कर्म-निरत: सिद्धिम् यथा विन्दति तत् शृणु

18.46 यतः प्रवृत्तिर्भूतानां येन सर्वमिदं ततम् ।
स्वकर्मणा तमभ्यर्च्य सिद्धिं विन्दति मानवः ॥

यत: प्रवृत्ति: भूतानाम् येन सर्वम् इदम् ततम् स्व-कर्मणा तम् अभ्यर्च्य सिद्धिम् विन्दति मानव:

18.47 श्रेयान्स्वधर्मो विगुणः परधर्मात्स्वनुष्ठितात् ।
स्वभावनियतं कर्म कुर्वन्नाप्नोति किल्बिषम् ॥

श्रेयान् स्वधर्म: विगुण: पर-धर्मात् स्वनुष्ठितात् स्वभाव-नियतम् कर्म कुर्वन् न आप्नोति किल्बिषम्

18.48 सहजं कर्म कौन्तेय सदोषमपि न त्यजेत् ।
सर्वारम्भा हि दोषेण धूमेनाग्निरिवावृताः ॥

सहजम् कर्म कौन्तेय स-दोषम् अपि न त्यजेत् सर्वारम्भा: हि दोषेण धूमेन अग्नि: इव आवृता:

18.49 असक्तबुद्धिः सर्वत्र जितात्मा विगतस्पृहः ।
नैष्कर्म्यसिद्धिं परमां संन्यासेनाधिगच्छति ॥

अ-सक्त बुद्धि: सर्वत्र जितात्मा विगत-स्पृह: नैष्कर्म्य-सिद्धिम् परमाम् संन्यासेन अधिगच्छति

18.50 सिद्धिं प्राप्तो यथा ब्रह्म तथाप्नोति निबोध मे ।
समासेनैव कौन्तेय निष्ठा ज्ञानस्य या परा ॥

सिद्धिम् प्राप्त: यथा ब्रह्म तथा आप्नोति निबोध मे समासेन एव कौन्तेय निष्ठा ज्ञानस्य या परा

18.51 बुद्ध्या विशुद्धया युक्तो धृत्यात्मानं नियम्य च ।
शब्दादीन्विषयांस्त्यक्त्वा रागद्वेषौ व्युदस्य च ॥

बुद्ध्या विशुद्धया युक्त: धृत्या आत्मानम् नियम्य च शब्दादीन् विषयान् त्यक्त्वा राग-द्वेषौ व्युदस्य च

18.52 विविक्तसेवी लघ्वाशी यतवाक्कायमानसः ।

ध्यानयोगपरो नित्यं वैराग्यं समुपाश्रितः ॥
विविक्त-सेवी लघ्वाशी यत-वाक्काय-मानसः ध्यान-योग-परः नित्यम् वैराग्यम् समुपाश्रितः

18.53 अहङ्कारं बलं दर्पं कामं क्रोधं परिग्रहम् ।
विमुच्य निर्ममः शान्तो ब्रह्मभूयाय कल्पते ॥
अहङ्कारम् बलम् दर्पम् कामम् क्रोधम् परिग्रहम् विमुच्य निर्ममः शान्तः ब्रह्म-भूयाय कल्पते

18.54 ब्रह्मभूतः प्रसन्नात्मा न शोचति न काङ्क्षति ।
समः सर्वेषु भूतेषु मद्भक्तिं लभते पराम् ॥
ब्रह्म-भूतः प्रसन्नात्मा न शोचति न काङ्क्षति समः सर्वेषु भूतेषु मद्भक्तिम् लभते पराम्

18.55 भक्त्या मामभिजानाति यावान्यश्चास्मि तत्त्वतः ।
ततो मां तत्त्वतो ज्ञात्वा विशते तदनन्तरम् ॥
भक्त्या माम् अभिजानाति यावान् यः च अस्मि तत्त्वतः ततः माम् तत्त्वतः ज्ञात्वा विशते तदनन्तरम्

18.56 सर्वकर्माण्यपि सदा कुर्वाणो मद्व्यपाश्रयः ।
मत्प्रसादादवाप्नोति शाश्वतं पदमव्ययम् ॥
सर्व-कर्माणि अपि सदा कुर्वाणः मद्व्यपाश्रयः मत्प्रसादात् अवाप्नोति शाश्वतम् पदम् अव्ययम्

18.57 चेतसा सर्वकर्माणि मयि संन्यस्य मत्परः ।
बुद्धियोगमुपाश्रित्य मच्चित्तः सततं भव ॥
चेतसा सर्व-कर्माणि मयि संन्यस्य मत्परः बुद्धि-योगम् उपाश्रित्य मच्चित्तः सततम् भव

18.58 मच्चित्तः सर्वदुर्गाणि मत्प्रसादात्तरिष्यसि ।
अथ चेत्त्वमहङ्कारान् न श्रोष्यसि विनङ्क्ष्यसि ॥
मच्चित्तः सर्व-दुर्गाणि मत्प्रसादात् तरिष्यसि अथ चेत् त्वम् अहङ्कारात् न श्रोष्यसि विनङ्क्ष्यसि

18.59 यदहङ्कारमाश्रित्य न योत्स्य इति मन्यसे ।
मिथ्यैष व्यवसायस्ते प्रकृतिस्त्वां नियोक्ष्यति ॥
यत् अहङ्कारम् आश्रित्य न योत्स्ये इति मन्यसे मिथ्या एषः व्यवसायः ते प्रकृतिः त्वाम् नियोक्ष्यति

CHAPTER 18

18.60 स्वभावजेन कौन्तेय निबद्धः स्वेन कर्मणा ।
कर्तुं नेच्छसि यन्मोहात् करिष्यस्यवशोऽपि तत् ॥
स्वभावजेन कौन्तेय निबद्ध: स्वेन कर्मणा कर्तुम् न इच्छसि यत् मोहात् करिष्यसि अवश: अपि तत्

18.61 ईश्वरः सर्वभूतानां हृद्देशेऽर्जुन तिष्ठति ।
भ्रामयन्सर्वभूतानि यन्त्रारूढानि मायया ॥
ईश्वर: सर्व-भूतानाम् हृद्देशे अर्जुन तिष्ठति भ्रामयन् सर्व-भूतानि यन्त्रारूढानि मायया

18.62 तमेव शरणं गच्छ सर्वभावेन भारत ।
तत्प्रसादात्परां शान्तिं स्थानं प्राप्स्यसि शाश्वतम् ॥
तम् एव शरणम् गच्छ सर्व-भावेन भारत तत् प्रसादात् पराम् शान्तिम् स्थानम् प्राप्स्यसि शाश्वतम्

18.63 इति ते ज्ञानमाख्यातं गुह्याद्गुह्यतरं मया ।
विमृश्यैतदशेषेण यथेच्छसि तथा कुरु ॥
इति ते ज्ञानम् आख्यातम् गुह्यात् गुह्य-तरम् मया विमृश्य एतत् अ-शेषेण यथा इच्छसि तथा कुरु

18.64 सर्वगुह्यतमं भूयः शृणु मे परमं वचः ।
इष्टोऽसि मे दृढमिति ततो वक्ष्यामि ते हितम् ॥
सर्व-गुह्य-तमम् भूय: शृणु मे परमम् वच: इष्ट: असि मे दृढम् इति तत: वक्ष्यामि ते हितम्

18.65 मन्मना भव मद्भक्तो मद्याजी मां नमस्कुरु ।
मामेवैष्यसि सत्यं ते प्रतिजाने प्रियोऽसि मे ॥
मन्मना: भव मद्भक्त: मद्याजी माम् नमस्कुरु माम् एव एष्यसि सत्यम् ते प्रतिजाने प्रिय: असि मे

18.66 सर्वधर्मान्परित्यज्य मामेकं शरणं व्रज ।
अहं त्वां सर्वपापेभ्यो मोक्षयिष्यामि मा शुचः ॥
सर्व-धर्मान् परि-त्यज्य माम् एकम् शरणम् व्रज अहम् त्वा सर्व-पापेभ्य: मोक्षयिष्यामि मा शुच:

18.67 इदं ते नातपस्काय नाभक्ताय कदाचन ।

CHAPTER 18

न चाशुश्रूषवे वाच्यं   न च मां योऽभ्यसूयति ॥

इदम् ते न अ-तपस्काय न अ-भक्ताय कदाचन न च अ-शुश्रूषवे वाच्यम् न च माम् य: अभ्यसूयति

18.68 य इदं परमं गुह्यं   मद्भक्तेष्वभिधास्यति ।
भक्तिं मयि परां कृत्वा   मामेवैष्यत्यसंशय: ॥

य: इदम् परमम् गुह्यम् मद्भक्तेषु अभिधास्यति भक्तिम् मयि पराम् कृत्वा माम् एव एष्यति असंशय:

18.69 न च तस्मान्मनुष्येषु   कश्चिन्मे प्रियकृत्तम: ।
भविता न च मे तस्मात्   अन्य: प्रियतर: भुवि ॥

न च तस्मात् मनुष्येषु कश्चित् मे प्रिय-कृत्तम: भविता न च मे तस्मात् अन्य: प्रियतर: भुवि

18.70 अध्येष्यते च य इमं   धर्म्यं संवादमावयो: ।
ज्ञानयज्ञेन तेनाहम्   इष्ट: स्यामिति मे मति: ॥

अध्येष्यते च य: इमम् धर्म्यम् संवादम् आवयो: ज्ञान-यज्ञेन तेन अहम् इष्ट: स्याम् इति मे मति:

18.71 श्रद्धावाननसूयश्च   शृणुयादपि यो नर: ।
सोऽपि मुक्त: शुभाँल्लोकान्   प्राप्नुयात्पुण्यकर्मणाम् ॥

श्रद्धावान् अनसूय: च शृणुयात् अपि य: नर: स: अपि मुक्त: शुभान् लोकान् प्राप्नुयात् पुण्य-कर्मणाम्

18.72 कच्चिदेतच्छ्रुतं पार्थ   त्वयैकाग्रेण चेतसा ।
कच्चिदज्ञानसम्मोह: प्रनष्टस्ते धनञ्जय ॥

कच्चित् एतत् श्रुतम् पार्थ त्वया एकाग्रेण चेतसा कच्चित् अज्ञान-सम्मोह: प्रनष्ट: ते धनञ्जय

अर्जुन उवाच

18.73 नष्टो मोह: स्मृतिर्लब्धा   त्वत्प्रसादान्मयाच्युत ।
स्थितोऽस्मि गतसन्देह: करिष्ये वचनं तव ॥

नष्ट: मोह: स्मृति: लब्धा त्वत्प्रसादात् मया अच्युत स्थित: अस्मि गत-सन्देह: करिष्ये वचनम् तव

सञ्जय उवाच

CHAPTER 18

18.74 इत्यहं वासुदेवस्य पार्थस्य च महात्मनः ।
संवादमिममश्रौषम् अद्भुतं रोमहर्षणम् ॥

इति अहम् वासुदेवस्य पार्थस्य च महात्मनः संवादम् इमम् अश्रौषम् अद्भुतम् रोम-हर्षणम्

18.75 व्यासप्रसादाच्छ्रुतवान् एतद्गुह्यमहं परम् ।
योगं योगेश्वरात्कृष्णात् साक्षात्कथयतः स्वयम् ॥

व्यास-प्रसादात् श्रुतवान् एतत् गुह्यम् अहम् परम् योगम् योगेश्वरात् कृष्णात् साक्षात् कथयतः स्वयम्

18.76 राजन्संस्मृत्य संस्मृत्य संवादमिममद्भुतम् ।
केशवार्जुनयोः पुण्यं हृष्यामि च मुहुर्मुहुः ॥

राजन् संस्मृत्य संस्मृत्य संवादम् इमम् अद्भुतम् केशवार्जुनयोः पुण्यम् हृष्यामि च मुहुः मुहुः

18.77 तच्च संस्मृत्य संस्मृत्य रूपमत्यद्भुतं हरेः ।
विस्मयो मे महान्राजन् हृष्यामि च पुनः पुनः ॥

तत् च संस्मृत्य संस्मृत्य रूपम् अति अद्भुतम् हरेः विस्मयः मे महान् राजन् हृष्यामि च पुनः पुनः

18.78 यत्र योगेश्वरः कृष्णो यत्र पार्थो धनुर्धरः ।
तत्र श्रीर्विजयो भूतिः ध्रुवा नीतिर्मतिर्मम ॥

यत्र योगेश्वरः कृष्णः यत्र पार्थः धनुर्धरः तत्र श्रीः विजयः भूतिः ध्रुवा नीतिः मतिः मम

इति श्रीमद्भगवद्गीतासूपनिषत्सु ब्रह्मविद्यायां योगशास्त्रे
श्रीकृष्णार्जुनसंवादे मोक्षसंन्यासयोगो नाम अष्टादशोऽध्यायः ।

इति श्रीमद् भगवद् गीतासु उपनिषत्सु ब्रह्म विद्यायां योग शास्त्रे श्रीकृष्ण अर्जुन संवादे मोक्षसंन्यासयोगः नाम अष्टादशः अध्यायः ।

www.ingramcontent.com/pod-product-compliance
Lightning Source LLC
Chambersburg PA
CBHW081117080526
44587CB00021B/3634
9781897416259